9783856805302
D1923554

Köstliche Torten

von klassisch bis modern

Erika Köhler

Köstliche Torten

von klassisch bis modern

Vehling Verlag
Berlin · Werl i.W. · Basel · Graz

INHALT

INHALT

Kleine Warenkunde

Wer hat nicht schon neidvoll die dekorative Auslage einer Konditorei bewundert, in der perfekte Torten, makellose Petit fours und andere Meisterstücke der Konditorenkunst den Appetit anregten. Und wen beschlich dann nicht gleichzeitig die Erkenntnis, daß diese Perfektion wohl nur schwer für Hobby-Konditoren erreichbar sei? Doch nur Mut! Selbst für Ungeübte ist es gar nicht so schwer, ansprechende Ergebnisse zu erzielen: Bewährte Rezepte, gute Zutaten und Freude und Genauigkeit bei der Zubereitung lassen gleichermaßen optisches Vergnügen und Gaumenfreuden entstehen.

Und gerade das ist es, was ein gelungenes Ergebnis der Konditorenkunst ausmacht. Heißt es doch schon beispielsweise in einem Manifest der modernen Konditorei aus dem 19. Jahrhundert: »Die Zunge soll uneingeschränkt zu ihrem Recht kommen, darüber hinaus aber auch das Geistige, die tiefverankerte Freude am Schönen.«

Weizenmehl für Kuchen, Torten, Feingebäck

	D	A	CH
Mehltype	405	480	Weißmehl
	550	700	
	1.050	1.600	Ruchmehl
	1.700	Vollkornmehl	

Teigarten

Die modernen Torten werden vorwiegend aus Rührteig und Mürbeteig hergestellt, während die klassischen Torten im wesentlichen aus Mürbeteig, Biskuit und Blätterteig, manchmal auch aus Brandteig und Baiser bereitet werden. Doch weisen einige Torten, vor allem die klassischen, auch Kombinationen aus unterschiedlichen Teigarten auf. Wichtig für die Zubereitung von Teig ist die strikte Einhaltung der Rezeptur, insbesondere der Mengenangaben. Eine Waage, mit der die Zutaten aufs Gramm genau abgewogen werden können, sowie ein Meßbecher, mit dem Flüssigkeiten in Kubikzentimeter abgemessen werden, sind daher die wichtigsten Küchengeräte. Für die Zubereitung von Torten und Feingebäck wird bevorzugt weißes Weizenmehl verwendet, da es weniger Klebereiweiß enthält. Torten erhalten dadurch eine lockere bzw. krümelige und blättrige Struktur. Mürbeteig kann u. U. auch aus dem schwereren Vollweizenmehl hergestellt werden.
Es sollte dann aber ein Anteil gemahlener Nüsse oder Mandeln zugegeben werden. Zutaten wie Eier, Butter, Sahne sollten möglichst frisch sein, um eine optimale Konsistenz und Geschmacksfülle zu erhalten. Süßrahmbutter ist daher zum Backen besonders geeignet. In der Regel sollen die Teigzutaten Zimmertemperatur haben. Zutaten für Mürbeteig und Blätterteig, aber auch Eiweiß und Sahne, die noch zu Eischnee bzw. Schlagsahne aufgeschlagen werden, müssen gekühlt sein.

Rührteig
Für das Gelingen dieses Teiges ist das Rühren der Zutaten besonders wichtig. Eier, Butter, Zucker und Mehl werden zu gleichen Gewichtsanteilen (z. B. je 250 g) hierzu verarbeitet. Eine besonders luftige Krume entsteht, wenn zuerst Eigelb und Zucker, dann die Butter miteinander verrührt werden, bevor das Mehl untergemischt wird. Werden hingegen zuerst die Butter mit dem Zucker und später das Eigelb verrührt, wird der Tortenboden besonders feinporig. Locker wird der Teig in jedem Fall durch das Unterheben von Eischnee unter die Teigmasse. Zusätzliche Sicherheit bringt 1 TL Backpulver.

Mürbeteig
Eine Unterlage aus Mürbeteig gibt vor allem den festlichen Torten einen guten Stand und bildet zugleich einen hervorragenden geschmacklichen Kontrast zu lockerem Biskuit, zu Früchten oder Sahne und Creme.
Aus gekühlten Zutaten, möglichst auf einer Marmorplatte, wird der Teig mit den Händen geknetet. Die Zutaten für einen üblichen Mürbeteig stehen im Verhältnis 1 : 2 : 3. Das heißt 50 g (Puder-)Zucker, 100 g Butter, 150 g Mehl werden mit den Fingerspitzen bröselig verrieben. Evtl. noch ein Eigelb hinzugeben und alle Zutaten gründlich, aber schnell zu einem Teig mit leicht blättriger Struktur kneten. Den Teig zu einer Kugel formen und in Folie verpackt ca. 30 Min. im Kühlschrank durchkühlen. Dann mit Mehl bestäuben und ausrollen. In eine Springform geben und einige Male mit der Gabel einstechen.
Bei 180 °C ca. 10 Min. goldgelb backen.

Biskuit

Der Teig, aus dem die meisten Torten bestehen, wird aus Eiern, Zucker und Mehl (bzw. Speisestärke) gerührt.
Die Biskuitmasse erhält ihr Volumen durch die Eier, wobei Eiweiß und Eigelb getrennt aufgeschlagen werden.
Die Grundzutaten für einen Biskuitboden mit 26 cm Ø sind 4 Eier, 2 EL heißes Wasser, 100 g Zucker, 100 g Weizenmehl, 75 g Weizenpuder, 2 TL Backpulver, 1/2 Btl. Citro Back.
Eier trennen. Eigelb und Wasser schaumig rühren. Zucker einrieseln lassen und solange weiterschlagen, bis die Masse hellgelb und cremig ist. Mehl, Speisestärke und Citro Back vermengen und löffelweise in den Teig geben. Eiweiß zu steifem Schnee schlagen und unterziehen.
Den Boden einer Springform mit Backpapier auslegen, die Biskuitmasse einfüllen und ca. 35 Min. im vorgeheizten Ofen bei 180 °C backen. Biskuitboden auf einen Küchenrost stürzen und auskühlen lassen.
Biskuitböden lassen sich am besten verarbeiten, wenn sie ein bis zwei Tage alt sind.

Wiener Biskuit

Ein zart schmelzender Biskuit mit saftiger Struktur entsteht, wenn dem Grundrezept für Biskuit zusätzlich 50–60 g Butter hinzugefügt werden. Die Butter wird geschmolzen und noch warm unter die Masse gezogen.

Blätterteig

Für die Mengen an Blätterteig, die für die Herstellung einer Torte benötigt werden, eignet sich hervorragend tiefgekühlter fertiger Blätterteig. Wer den Teig selbst herstellen will, bereitet sinnvollerweise eine größere Menge und friert einen Teil ein.
Das Grundrezept ist für ca. 1 kg Teig ausgelegt. 500 g Mehl in eine Schüssel sieben, 50 g zimmerwarme Butter hinzugeben und beides mit den Händen zu groben Bröseln zerkneten. 1/4 TL Salz, 1 TL Zitronensaft hinzufügen, nach und nach 375 ml Wasser beim Kneten hinzufügen, bis ein fester Teig entsteht. Den Teig zu einer Kugel geformt in Folie im Kühlschrank gut durchkühlen. 500 g gekühlte Butter zwischen Folie legen und zu einem gleichmäßigen Rechteck ausrollen.
Den Teig doppelt so groß ausrollen, Butter auf eine Hälfte legen, den Teig darüberklappen und die Ränder fest zusammendrücken. Den Teig zu einem schmalen Rechteck ausrollen, je ca. 1/3 der Teigplatte nach innen klappen und Teig erneut zu einem länglichen Rechteck ausrollen. Wiederum dreifach zusammenklappen und ca. 15 Min. kühlen. Dann den Teig wiederum ausrollen und dreifach übereinanderschlagen. Jetzt kann der Teig für Tortenböden nochmals auf eine Stärke von 2–4 mm ausgerollt werden. Teig auf ein mit Wasser befeuchtetes Backblech legen, mit der Gabel mehrmals einstechen und im vorgeheizten Backofen bei 225 °C ca 15 Min. goldbraun backen.

Brandteig

Für zwei Böden 250 ml Wasser, 1/2 TL Salz bis zum Kochen erhitzen, 100 g Butter zufügen und auflösen. Topf vom Feuer nehmen. 150 g Mehl auf einmal in die Flüssigkeit schütten und bei mittlerer Hitze so lange rühren, bis ein Teigkloß entsteht. Den Teigkloß ringsum leicht abbrennen.
Den Teigkloß in eine Rührschüssel geben, auf Handwärme abkühlen lassen, unter ständigem Rühren nach und nach 4 Eier und evtl. 1 TL Backpulver zugeben, so daß ein weicher, glänzender Teig entsteht.
In einen Spritzbeutel füllen und entsprechende Formen auf ein Backblech spritzen. Im vorgeheizten Ofen bei 200 °C 20 Min. backen. Auf einem Küchenrost auskühlen lassen und ggf. aufschneiden.

Baiser

Die Schaummasse besteht entweder nur aus geschlagenem Eiweiß und Zucker oder sie wird mit gemahlenen Mandeln, Haselnüssen oder Pistazien gemischt.
Aus 4 gut gekühlten Eiweißen, 1 Prise Salz in einer großen Schüssel einen steifen Schnee schlagen. 1 TL Gelierpulver und 1 EL Zitronensaft und 120 g feinen Zucker dazugeben und die Masse weiterschlagen, bis sie stark glänzt. 120 g Puderzucker mit 1 EL Speisestärke mischen und auf die Schaummasse sieben. Vorsichtig unterheben. Masse in einen Spritzbeutel füllen, auf eingefettetes, mit Mehl bestäubtes (bzw. mit Backpapier ausgelegtes) Blech spiralförmig runde Böden mit ca. 26 cm Ø spritzen. Im vorgeheizten Backofen bei 120 °C ca. 40–50 Minuten eher trocknen als backen. Ofen abschalten und austrocknen lassen.

Füllungen, Glasuren, Überzüge

Füllungen, Glasuren und Überzüge sind die Besonderheit von Torten, Petit fours und anderer Köstlichkeiten. In Europa erfreut sich die Buttercreme besonderer Beliebtheit. Aber auch mit Eischnee gebundene Überzüge, die gleichzeitig als Füllmasse verwendet werden, finden häufig Verwendung.

Buttercreme

Für Buttercreme werden im allgemeinen Eier mit Zucker im Wasserbad zu einer lockeren Schaummasse geschlagen und anschließend mit schaumig gerührter Butter vermischt. Eine leichtere Variante entsteht, wenn Eischnee untergezogen wird. Als Aromastoffe und Färbung dienen Kaffee, Schokolade, Alkohol und Fruchtmark. Ca. 375 g Buttercreme reichen aus, um eine zweischichtige Torte von ca. 23 cm Ø zu füllen und zu überziehen.

Grundrezept für ca. 600 g
Deutsche Buttercreme:
250 g Milch, 50 g Zucker und 20 g Vanillepuddingpulver laut Packungsangaben zu einem Pudding verarbeiten. Unter Rühren abkühlen lassen, es darf sich keine Haut bilden. 250 g Butter, 30 g Puderzucker und 1 kl. Prise Salz zusammen schaumig rühren. Anschließend den abgekühlten Vanillepudding unterheben.

Varianten:
150 g gehackte Bitter-Schokolade im Wasserbad schmelzen, abkühlen lassen und in Buttercreme (s. o.) einrühren.
2 EL Instant-Kaffeepulver in 2 EL heißem Wasser lösen, erkalten lassen und in die Buttercreme rühren.
250 g frische oder aufgetaute Himbeeren (Erdbeeren, Brombeeren, …) pürieren, durch ein Sieb streichen und unter die Buttercreme mischen.

Füllungen auftragen

Damit die Tortenböden beim Auftragen und Bestreichen der Füllmasse nicht reißen, sollte die Füllung gut streichfähig sein. Gegebenenfalls die Füllmasse im Wasserbad etwas erwärmen.
Die Schnittflächen der Tortenschichten zuerst mit Zuckersirup oder Likör bepinseln, anschließend mit der Füllcreme bis fast an den Rand bestreichen.
Die Böden übereinanderlegen und leicht andrücken, um die Füllung bis an den Rand zu verteilen.
Als Füllungen eignen sich neben Cremes auch Konfitüren, Puddings, Fruchtsahne und Fruchtkompotts.

Glasuren
Weiche Glasuren bestehen meist aus einfachen Überzügen aus Puderzucker und Wasser. Es ist wichtig, daß diese Zuckerglasur dünn und glatt ist. Nur so ist sie glänzend und weich genug zum Schneiden. Zum Überziehen einer Torte von 23 cm Ø werden ca. 250 ml Puderzuckerglasur benötigt: 200 g Puderzucker in eine Schüssel sieben, 6–7 EL Wasser und 1/2 TL Vanillezucker unterrühren. Genügend Wasser, Zitronen- oder Orangensaft hinzufügen, so daß eine weiche Paste entsteht.
Für Eiweiß- bzw. Eiweiß-Spritzglasur wird Puderzucker mit Eiweiß und etwas Zitronensaft schaumig gerührt, bis eine dickflüssige glatte Masse entsteht. Diese Glasur eignet sich ihrer Standfestigkeit wegen besonders zum Dekorieren.
Für eine Torte von 23 cm Ø werden ca. 500 ml Eiweißglasur benötigt: 500 g Puderzucker sieben und eßlöffelweise unter den Schaum von 2 Eiweiß schlagen. 1 TL Zitronensaft zugeben und ca. 8–10 Min. weiterschlagen, bis die Masse Spitzen bildet.

Sacher-Glasur
250 g Zucker mit 125 ml Wasser aufkochen und abkühlen lassen. 250 g gehackte bittere Tafelschokolade im Wasserbad schmelzen und löffelweise in die abgekühlte Zuckermasse einrühren.
Die Masse im Wasserbad bei milder Hitze ca. 5–6 Min. rühren. Vom Feuer nehmen und unter Rühren auf die benötigte Konsistenz abkühlen lassen.

Überzüge
Neben weichen Glasuren und Buttercreme sind Überzüge aus Marzipan dank ihrer Vielseitigkeit und der langen Haltbarkeit eine willkommene Alternative.
Ca. 750–800 g Marzipan reichen aus, um eine Torte mit 25 cm Ø überziehen und dekorieren zu können. Es empfiehlt sich, fertige Marzipanmasse zu verwenden.
Torte mit erwärmter Aprikosenglasur oder einer dünnen Schicht Buttercreme überziehen und gut durchkühlen lassen. Marzipanmasse auf einer mit Puderzucker bestäubten Arbeitsfläche zu einer dünnen Platte ausrollen. Vorsichtig über das Nudelholz wickeln und über dem Kuchen abrollen. Auch die Seiten müssen bedeckt sein. Die Marzipanmasse überall andrücken, glätten und überschüssige Teile entfernen.
Aus den Resten lassen sich, durch Einkneten von Lebensmittelfarben, farbige Blüten und Blätter oder Buchstaben für die Dekoration formen.
Ein Überzug aus Marzipan benötigt einige Stunden, um fest zu werden. Anschließend kann die Masse noch mit einer Schokoladen-Glasur überzogen oder mit Kakao überpudert werden.

Richtiges Backen

Die meisten Backöfen benötigen 10–15 Min. um die nötige Temperatur zu erreichen. Daher rechtzeitig vorheizen!
Die Ofenhitze am besten mit einem Thermometer messen, denn das Backergebnis hängt nicht zuletzt von der exakt eingehaltenen Temperatur ab.
Die Mitte der Torte sollte sich stets auf der halben Höhe des Ofens befinden. Daher auf richtige Einschubhöhe achten.
Alle Torten schrumpfen am Rand etwas ein, wenn sie gar sind. Torten aus Biskuitmasse prüft man durch leichten Fingerdruck auf die Mitte. Federt der Teig zurück, ist er gar. Bei gerührten Teigen und solchen, die mit viel Flüssigkeit zubereitet werden, macht man die Probe mit einem Stäbchen. Ist ein trockenes Holzstäbchen, in die Mitte eingestochen, beim Herausziehen sauber (keine Teigreste), ist die Torte gar.
Alle Torten müssen nach dem Backen kurz in der Form ruhen. Torten aus Rührteig und Biskuit werden nach 2–3 Min. aus der Form genommen, damit der Dampf entweichen kann. Nach dem Erkalten werden Tortenböden auf ein Kuchengitter gestürzt oder gesetzt. Damit sich das Muster des Gitters nicht abzeichnet, ein rund zugeschnittenes Stück Papier unter den Kuchen legen.

Tortenböden horizontal schneiden

Vor dem Durchschneiden die Torte auf eine feste Kartonunterlage setzen.
Am besten mit einem scharfen Messer mit Wellenschliff horizontal in Schichten schneiden. Dabei mit einer Hand auf die Oberfläche der Torte drücken.
Eine andere Möglichkeit: Den Tortenboden zunächst waagerecht ca. 1 cm tief ringsherum einschneiden. Einen reißfesten Zwirnsfaden in die Schnittkante legen und über Kreuz zusammenziehen.

Dekorieren und verzieren

Mit Creme, Spritzbeutel und etwas Geschick lassen sich die schönsten Torten zaubern. Dabei ist vor allem aber für Ungeübte zu beachten, daß gerade Linien mit der glatten Tülle schwieriger zu spritzen sind als z. B. Wellenlinien mit einer Sterntülle. Am einfachsten sind Sternchen.
Zunächst den oberen Beutelrand ca. 3 Finger breit nach außen umschlagen, dann die Masse in den Beutel einfüllen. Den Beutelrand hochklappen, einmal längs umschlagen, zusammenfalten und fest geschlossen halten.
Beim Spritzen den Beutel möglichst senkrecht mit der einen Hand halten, mit der anderen die Tülle fassen und führen, damit die Dekoration gut gelingt.
Mit einer aus Pergamentpapier hergestellten spitzen Tüte kann man z. B. auf eine weiße Glasur eine andersfarbige Glasur spiralförmig aufspritzen.
Die Torte in acht Abschnitte einteilen. Eine Messerspitze, entsprechend der Einteilungen von der Mitte zum Rand über die farbigen Linien ziehen. In jedem der acht Segmente die Messerspitze nochmals von außen nach innen führen, damit ein »Spinnennetz« entsteht.

Zum Dekorieren von Torten steht heute ein Vielfalt von Halbfertig- und Fertigprodukten zur Verfügung: Cocktailkirschen und kandierte Früchte, Schokoladenstreusel, Schokoraspeln und Schoko-Mokka-Bohnen sowie Blätter und andere Dekorationselemente aus weißer und brauner Schokolade. Für die Dekoration moderner Torten sind der Fantasie kaum Grenzen gesetzt: Es eignen sich Champagner-Trüffel ebenso wie kleine Pralinen, Schoko-Mint-Täfelchen oder Dreiecke daraus ebenso wie Scheiben von Schokoriegeln. Aber auch Herzen und andere Figuren aus Weingummi können fruchtigen Torten den letzten »Kick« verleihen. – Das Angebot von Süßwaren-Fachgeschäften oder -Abteilungen gibt vielfache Anregung für die Entwicklung individueller Dekorationen für moderne Torten!

Torten aufschneiden

Zum Aufschneiden einer Torte eignet sich am besten ein Messer mit Wellenschliff. Buttercreme- und Sahnetorten lassen sich leichter schneiden, wenn das Messer vorher in heißes Wasser getaucht wird. Spezielle Kuchen- und Tortenmesser, aber auch Drahtschneider erleichtern das Aufschneiden.

Dekoration von Torten

Fruchttorten:
Ausgewählte Früchte der verarbeiteten Obstsorten, Blättchen von Zitronenmelisse, Cocktailkirschen, rote und grüne Belegkirschen, kandierte Früchte, auch gehackt, Pistazien, auch gehackt, Krokant, Mandelblättchen, Kokosraspel, Kokos-Konfekt, Frucht- und Weingummi-Figuren, Dekor-Blüten, Schoko-Dekor-Blätter, Götterspeise, auch in Würfel, Zuckerspeck.

Cremetorten:
Amaretto-Plätzchen, Löffelbiskuits, Hippenröllchen, Schoko-Raspel und -Streusel, Schoko-Dekorblätter, Marzipanrosen und -Figuren, Gold- und Silberperlen, Zuckerblümchen, Schaumzucker-Figuren, Krokant-, Mandelblättchen, Schokoladenmandeln, Schokoküsse weiß und braun.

Schokoladentorten:
Schoko-Mokka-Bohnen, Schoko-Raspeln und -Dekorblätter, Schokoladenmandeln, kleine Pralinen, Champagner- und Nougat-Trüffel, runde oder eckige Täfelchen Vollmilch- oder Bitterschokolade, Schoko-Mint-Täfelchen, Schoko-Riegel in Scheiben, Schoko-Krokant, Marzipanrosen und -Figuren, Bunte Schokolinsen, Zuckerperlen Gold und Silber.

Krokant-, Nuß- und Mandeltorten:
Ausgewählte Nüsse und Mandeln, Mandelsplitter, Schoko- bzw. Zucker-Nüsse und -Mandeln, Schoko-Krokant, kleine Pralinen, Dekor-Schoko-Borke.

Törtchen und Petit fours:
Ausgewählte Früchte, Belegkirschen, kandierte Früchte, süße Mandeln, Nüsse, Mandelsplitter, Schoko-Borke, Dekorblüten, Zuckerblümchen, Schoko-Dekorblätter.

Für besondere Torten:
Feine Marzipanrohmasse, ggf. mit Speisefarben eingefärbt, Kuvertüre, Schoko-Buchstaben und -Ziffern, Zuckerschrift in Tuben.

Fruchttorten

Joghurt-Beeren-Torte

Abbildung Seite 14/15

ZUTATEN

- 50 g Butter
- 100 g Zwieback
- 6 EL Zucker
- 10 Blatt weiße Gelatine
- 500 g Vollmilch-Joghurt
- Schale und Saft von 1 unbehandelten Zitrone
- 200 g Schlagsahne
- 1 Dose (425 ml) Pfirsiche
- je 100 g Heidelbeeren, Erdbeeren, Johannisbeeren, Himbeeren, Kirschen
- 1 Päckchen (für 250 ml Flüssigkeit) Tortenguß »klar«
- Minzblättchen zum Verzieren

1. Butter zerlassen, Zwieback fein zerdrücken (Zwieback in einen Gefrierbeutel füllen und mit einem Nudelholz leicht krümelig drücken). Mit Fett und 2 EL Zucker verkneten. Auf einem gefetteten Springformboden (26 cm Ø) verteilen, fest andrücken und kalt stellen.
2. Gelatine einweichen, Joghurt, 2 EL Zucker, Zitronenschale und -saft verrühren. Gelatine ausdrücken, auflösen, unterrühren. Kühl stellen. Sobald der Joghurt zu gelieren beginnt, Sahne steif schlagen, unterheben. Creme auf den Boden streichen. Torte ca. 3 Stunden kalt stellen.
3. Pfirsiche abtropfen, Saft auffangen. Die Hälften fächerförmig einschneiden. Beeren verlesen und waschen. Die Torte dick mit dem Obst belegen. Saft mit Wasser auf 250 ml auffüllen. Tortenguß und Rest Zucker verrühren, in den Saft rühren, aufkochen, etwas abkühlen lassen, über die Früchte gießen, fest werden lassen. Mit Minzblättchen garnieren.

Johannisbeertorte mit Mandelbaiser

❶ Eiweiß sehr steif schlagen, nach und nach den Zucker einrieseln lassen. Den Puderzucker mit der Speisestärke über den Eischnee sieben und mit den feingemahlenen Mandeln vorsichtig unterheben.
❷ 2 Backbleche mit Backpapier auslegen, drei Böden mit einem Durchmesser von ca. 23 cm mit Hilfe einer Spritztüte auf die Bleche spritzen. Und zwar zwei Böden spiralförmig spritzen, den dritten aus einzelnen Tuffs zusammenspritzen. Ein Blech kalt stellen, das andere mit 2 Böden im vorgeheizten Backofen bei 120–140 °C etwa 40 Minuten backen, dann den dritten Boden hineinschieben und backen.
❸ Böden vom Pergament lösen und abkühlen lassen.
❹ Beeren waschen, gut abtropfen lassen. Crème double steif schlagen, dabei Sahnesteif und den Zucker dazugeben. Johannisbeeren unter die Sahne ziehen, eine Handvoll Beeren zur Dekoration zurücklassen. Die halbe Cremefüllung auf einen Spiralboden geben, glattstreichen, zweiten Spiralboden darauf drücken, restliche Beerencreme darauf verteilen, mit Rosettenboden bedecken. Einige Stunden kalt stellen – erst dann lassen sich die Böden problemlos schneiden. Vor dem Servieren mit Beeren bestreuen.

ZUTATEN

BÖDEN:
- 8 Eiweiß
- 200 g Zucker
- 150 g Puderzucker
- 30 g Speisestärke
- 150 g gemahlene Mandeln

FÜLLUNG:
- 500 g frische rote oder schwarze Johannisbeeren
- 500 g Crème double
- 4 Päckchen Vanillinzucker
- 3 Päckchen Sahnesteif
- 50 g Zucker

Kleine Brombeertorte

❶ Die Form fetten und mit Mehl ausstäuben. Den Teig in eine Springform geben, glattstreichen, im vorgeheizten Backofen bei E.-Herd: 175 °C/Gas: Stufe 2 ca. 50 Minuten backen. Kuchen vollständig auskühlen lassen.
❷ Die Konfitüre glattrühren und leicht erwärmen. Den Kuchen waagerecht durchschneiden, den unteren Boden mit der Konfitüre bestreichen und die obere Hälfte daraufsetzen. Den Springformrand wieder um den Kuchen legen.
❸ Quark, Joghurt und Zucker glattrühren. Die Gelatine nach Anweisung auflösen. mit 2 Eßlöffeln Quarkcreme angleichen und dann unter Rühren in den Quark geben. Die Creme auf dem Kuchen verteilen und kühl stellen.
❹ Die Brombeeren verlesen und putzen. Wenn die Gelatine fest zu werden beginnt, die Beeren in die Creme setzen. Die Torte mit Melisseblättchen garniert servieren.

ZUTATEN

FÜR 1 TORTE 20 CM Ø:

- 1 P. Sanella »Frische Teige« Rührteig
- 3 Blatt Gelatine
- 50 g Brombeer-Konfitüre
- 125 g Speisequark (20 %)
- 150 g Brombeer-Joghurt
- 1 EL Zucker
- 250 g Brombeeren
- einige Melisse-Blättchen

Erdbeer-Mandel-Torte

ZUTATEN

2 Eier
2 EL heißes Wasser
100 g Zucker
1 Btl. Schwartau Rum-back
50 g Schwartau Süße Mandeln gemahlen
75 g Weizenmehl
50 g Speisestärke
1 gestr. TL Backpulver
Backpapier zum Auslegen

FÜLLUNG:

2 Pck. Saucenpulver Vanille-Geschmack
25 g Zucker
250 ml Milch (knapp)
50 g Schwartau Süße Mandeln gemahlen
500–750 g Erdbeeren frisch oder tiefgekühlt
2–3 Becher Schlagsahne à 200 ml
30 g Puderzucker
1 Pck. Sahnesteif
2 EL Schwartau Erdbeer-Konfitüre EXTRA

DEKORATION:

Erdbeeren
100 g Schwartau Süße Mandeln gehobelt
geschlagene Sahne
Schwartau Pistazien gehackt
Schwartau Schoko-Dekor-Blätter Zartbitter

1 Eier mit heißem Wasser schaumig schlagen. Zucker und Rum-back dazugeben und weiterschlagen, bis eine cremige Masse entstanden ist. Mandeln unterrühren, Mehl, Stärke und Backpulver mischen und auf die Masse sieben.
Den Boden einer Springform Ø 26 cm mit Backpapier auslegen. Teig einfüllen und sofort im vorgeheizten Backofen bei 180–200 °C (Gas Stufe 2–3) ca. 20–30 Min. backen. Tortenboden abkühlen, Rand mit einem Messer lösen, aus der Form stürzen und das Backpapier abziehen.
2 Für die Füllung aus Saucenpulver nach Packungsanleitung einen festen Pudding kochen (250 ml Milch) und abkühlen lassen. Zwischendurch umrühren und Mandeln unterziehen.
3 Erdbeeren waschen, gut abtropfen lassen und entstielen. Sahne mit Puderzucker und Sahnesteif aufschlagen und Mandeln unterheben.
4 Den Tortenboden einmal durchschneiden und mit Konfitüre bestreichen. Den unteren Boden mit Pudding bestreichen und mit Erdbeeren belegen (große Erdbeeren einmal durchschneiden). Mandelsahne auf die Erdbeeren streichen.
5 Den zweiten Tortenboden auflegen und leicht andrücken. Torte von allen Seiten mit Sahne uneben bestreichen, oben sollen sich kleine Mulden bilden. Den Rand mit leicht gerösteten gehobelten Mandeln bestreuen. Oberfläche mit Erdbeeren, Schoko-Dekor-Blättern und Pistazien garnieren.

Mohn-Erdbeer-Torte

❶ Eischnee schlagen. Eigelb und Ursüße schaumig rühren. Das mit Backpulver vermischte Mehl und Mohn unterheben. Eischnee unterziehen. Teig in eine ausgefettete Springform geben und im vorgeheizten Backofen bei 180–200 °C ca. 20 bis 30 Minuten backen.

❷ Den abgekühlten Kuchen durchschneiden. Die Erdbeeren waschen, vierteln (gleichmäßig große zur Garnitur zurücklassen) und auf dem Boden ausbreiten.

❸ Sahne steif schlagen, Konfitüre und Biobin zugeben und verrühren. Ein Drittel der Masse auf den Erdbeeren verteilen. Den zweiten Boden darauflegen und die Torte mit restlicher Sahne bestreichen. Mit Erdbeerscheiben und ganzem Mohn garnieren.

ZUTATEN

TEIG:

- 4 Eier getrennt
- 125 g Ursüße, im Mixer zerkleinert (Reformhaus)
- 100 g feingemahlenes Weizenvollkornmehl
- 2 EL Weinstein-Backpulver (Reformhaus)
- 80 g gemahlener Mohn
- 1 EL ganzer Mohn zum Garnieren

FÜLLUNG:

- 500 g Erdbeeren
- 300–400 ml Sahne
- 3 EL Erdbeerkonfitüre
- 1 Meßbecher Biobin (Reformhaus)
- 1 Pck. Natur-Vanillezucker

Gedeckte Pflaumentorte nach Art des Angevin

(Paté de prune d'Angers)

ZUTATEN

- 250 g Mehl
- 70 g Butter
- 25 g Zucker
- 1 Ei
- 200 g reife Pflaumen
- 1 Prise Salz
- (Wasser)

❶ Mehl auf die Arbeitsfläche sieben, kalte Butter im Mehl verteilen. Mulde ins Mehl drücken. Zucker, Salz und Ei hineingeben und schnell zu einer Teigmasse verarbeiten (gerade soviel Wasser hinzugeben, daß der Teig nicht bröckelt). Teig eine Stunde kalt stellen, er kann dann einfacher weiterverarbeitet werden.

❷ Boden der Kuchenform (Ø 18 cm) mit kalter Butter bestreichen und etwas Mehl darüberstreuen, damit der Teig nicht anbackt. Teig in zwei Hälften teilen, eine Hälfte ausrollen. Boden der Kuchenform damit auslegen. Es ist wichtig, einen hohen Rand zu formen.

❸ Pflaumen waschen und gut abtropfen lassen. Danach entkernen und auf den Teig geben. Mit Zucker bestreuen.

❹ Aus der zweiten Teigmenge eine Teigplatte ausrollen. Diese in 2 cm breite Streifen schneiden und ein Rautengitter auf die Pflaumen legen. 45 Minuten backen.

❺ Kurz bevor der Kuchen aus dem Ofen genommen wird, Teig mit etwas Saft von der Kuchenfüllung bestreichen und noch mal 2–3 Minuten im Ofen lassen. Den Kuchen abkühlen lassen und vorsichtig aus der Form nehmen.

Tarte Tatin

ZUTATEN

TEIG:

- 100 g Mehl
- 50 g kalte Butter
- 25 g Zucker
- 1 Ei

BELAG:

- 5 große Äpfel (säuerlich)
- 100 g Butter
- 100 g Zucker
- 1 Päckchen Vanillezucker

❶ Mürbeteig: Mehl, Butter, Zucker und Ei schnell zu einer Masse verkneten. Mindestens 1 Stunde im Kühlschrank kaltstellen.

❷ Belag: Backofen auf 200 °C vorheizen. Äpfel schälen, entkernen und halbieren. 50 g Butter in einer flachen Kuchenform (Ø 18 cm) mit relativ hohem Rand zerlassen und mit 50 g Zucker bestreuen (Vorsicht, damit der Zucker nicht anbrennt). Den Boden der Kuchenform gleichzeitig mit Äpfeln belegen, 15 Minuten schmoren. Vom Herd nehmen.

❸ Den Teig ausrollen und auf die Apfelfüllung legen, Teig fest am Formrand andrücken. 30 Minuten backen.

❹ Den Kuchen vorsichtig aus der Form stürzen. Die restliche Butter in Flöckchen auf die Äpfel geben, mit dem restlichen Zucker bestreuen und unter dem Grill karamelisieren lassen. Tarte Tatin warm servieren.

1995
Product of France
AMY FRÈRES
OTEAUX DU LAYON
APPELLATION COTEAUX DU LAYON CONTRÔLÉE

Buchweizen-Sauerkirsch-Torte

❶ Aus Eigelb, Honig, Wasser, Zitronenschale eine Schaummasse herstellen. Das Eiklar sehr steif schlagen und auf die Masse geben, ebenfalls das feingemahlene Buchweizenmehl. Alles vorsichtig miteinander vermengen.
❷ Die Masse in eine mit Backpapier ausgelegte Springform geben und im vorgeheizten Backofen ca. 20–30 Minuten backen. Abkühlen lassen und waagerecht auseinanderschneiden.
❸ Die Sahne steif schlagen. Die Kirschen mit dem Pürierstab grob zerkleinern, mit Honig abschmecken und mit Johannisbrotkernmehl binden. Die eine Hälfte des Bodens mit Sahne bestreichen, die grob pürierten Kirschen darauf verteilen und mit dem anderen Boden abdecken. Mit der restlichen Sahne die Torte garnieren.

ZUTATEN

- 4 Eier (getrennt)
- 80–100 g Honig
- 3 EL heißes Wasser
- Schale einer abgeriebenen, unbehandelten Zitrone
- 180 g Buchweizenmehl
- 250 ml bis 500 ml Schlagsahne (je nach Geschmack)
- 500 g frische Sauerkirschen
- 2 EL Honig
- 1 TL Johannisbrotkernmehl (Reformhaus)

Schichttorte mit Rotweinbirnen

ZUTATEN

- 5 kleine aromatische Birnen
- 1 unbehandelte Zitrone
- 500 ml Rotwein
- 3 EL Johannisbeergelee
- 1 P. Sanella Frische Teige »Mürbeteig«
- 8 Blatt Gelatine weiß
- 500 ml Sahne
- 1–2 EL Puderzucker
- Zitronenaroma

❶ Birnen waschen, schälen, halbieren und das Kerngehäuse herausschneiden. Zitrone heiß waschen und die Schale dünn abschälen. Zitronenschale, Rotwein und Johannisbeergelee in einen Topf geben, Birnenhälften zufügen und alles kurz aufkochen lassen. Bei schwacher Hitze ca. 20 Minuten garen. Die Birnen über Nacht in dem Sud erkalten lassen.

❷ Mürbeteig in 3 Portionen teilen. Jede Portion zu einem Kreis von 20 cm Durchmesser ausrollen, auf Backpapier legen und nacheinander im vorgeheizten Backofen (E-Herd: 200 °C/Gasherd: Stufe 3) 12–15 Minuten goldbraun backen. Auf einem Kuchengitter auskühlen lassen.

❸ Die Rotweinbirnen aus dem Sud nehmen, gut abtropfen lassen und in Spalten schneiden. Rotweinsud durch ein feines Sieb gießen und 250 ml abnehmen. Die nach Vorschrift eingeweichte und aufgelöste Gelatine unterrühren. Sobald die Masse fest zu werden beginnt, die steifgeschlagene und mit Puderzucker und Zitronenaroma abgeschmeckte Sahne unterziehen. Die Rotweincreme in einen Spritzbeutel mit Sterntülle füllen. Auf einen Tortenboden 1/3 der Creme spritzen und 1/3 der Birnenspalten darauf verteilen. Mit dem zweiten Boden abdecken. Den Vorgang wiederholen und mit dem letzten Boden abdecken. Die restliche Creme und die restlichen Birnenspalten dekorativ darauf anrichten. Die Schichttorte ca. 3 Stunden vor dem Servieren gut durchkühlen lassen.

Philadelphia-Torte Mandarine-Vanille

1 Löffelbiskuit in einen großen Gefrierbeutel füllen, verschließen und den Inhalt mit einer Teigrolle vollständig zerbröseln. Butter schmelzen, mit den Bröseln vermischen und in eine mit Backpapier ausgelegte Springform drücken.

2 Mandarinen auf ein Sieb geben und den Saft auffangen, Mandarinen kleinschneiden, bis auf einige zum Garnieren. Philadelphia, Joghurt und das Mark der Vanillestange mit einem Rührgerät vermischen.

3 Tortenguß, Zucker und 150 ml Mandarinensaft aufkochen und unter die Creme rühren. Mandarinen hinzufügen. Mandarinen-Creme in die Springform füllen und ca. 3 Stunden in den Kühlschrank stellen. Die Torte vor dem Servieren mit den zurückgelegten Mandarinenspalten, Zitronenschalenstreifchen und Minze garnieren.

ZUTATEN

- 150 g Löffelbiskuit
- 125 g Butter
- 1 Dose Mandarinen
- 600 g Philadelphia Doppelrahm
- 300 g Joghurt
- 1 Vanillestange, der Länge nach halbieren
- 1 Päckchen Tortenguß, klar
- 75 g Zucker
- Zitronenschalenstreifen (unbehandelte Zitrone)
- Minzblättchen zum Garnieren

Brandteig-Pflaumentorte

ZUTATEN

TEIG:
- 500 ml Wasser
- 100 g Butter
- 1 Prise Salz
- 250 g Mehl
- 5 Eier

FÜLLUNG:
- 12 Blatt weiße Gelatine
- 1 Glas (720 ml) entsteinte Pflaumen, oder 750 g frische Pflaumen
- 500 g Sahnequark
- 3 EL Zitronensaft
- abgeriebene Schale einer unbehandelten Zitrone
- 75 g Zucker
- 1 Päckchen Vanillezucker
- 250 g Schlagsahne
- 1 EL Puderzucker

1. 500 ml Wasser, Butter und Salz aufkochen. Mehl auf einmal hineinschütten und so lange rühren, bis sich der Teig als Kloß vom Topfboden löst. In eine Schüssel geben und nach und nach die Eier unterarbeiten (der Teig sollte schwerreißend vom Löffel fallen). Teig in einen Spritzbeutel mit großer Sterntülle füllen und auf ein mit Backpapier ausgelegtes Blech einen ca. 26 cm großen Kreis spritzen. Dabei den äußeren Rand doppelt übereinander spritzen. Im vorgeheizten Backofen bei 200 bis 220 °C ca. 20 bis 30 Minuten backen.
2. Für die Füllung Gelatine einweichen, Pflaumen aus dem Glas abtropfen lassen, Saft dabei auffangen. Frische Pflaumen waschen, halbieren, entsteinen und in 250 ml Weißwein ca. 3 Minuten dünsten. Abgießen und den Saft (ca. 250 ml) auffangen. 15 halbe Pflaumen für den Rand beiseite stellen und die anderen in kleine Stücke schneiden.
3. Pflaumensaft, Quark, Zitronensaft und -schale, Zucker, Vanillezucker glattrühren. Gelatine ausdrücken und auflösen und unter die Quarkmasse rühren. Die Masse in eine Schüssel füllen, die dem Durchmesser des Brandteigrandes entspricht. Kalt stellen.
4. Sahne steif schlagen. Sobald die Quarkmasse zu gelieren beginnt, Sahne und Pflaumen unterheben. Die gelierte Masse als Kuppel auf den Brandteigboden stürzen. Die 15 halben Pflaumen als Rand um die Kuppel legen. Etwa 1 Stunde kalt stellen. Mit Puderzucker bestäuben.

Johannisbeer-Birnen-Torte

1 Mehl mit Backpulver mischen und mit den restlichen Teigzutaten in eine Schüssel geben. Mit dem Schneebesen des Handrührgerätes zu einem festen Rührteig verarbeiten. Springform (26 cm Ø) mit Backpapier auslegen und den Teig gleichmäßig darauf verstreichen. Im vorgeheizten Backofen (E-Herd 200 °C/Gasherd Stufe 3) ca. 20 Minuten goldbraun backen. Teigboden aus der Form nehmen, Backpapier abziehen und ganz auskühlen lassen.

2 Inzwischen Birnen waschen, schälen, halbieren und das Kerngehäuse entfernen. 250 ml Wasser, Saft einer Zitrone und 50 g Zucker in einen Topf geben. Birnenhälften zufügen, kurz aufkochen lassen. Bei schwacher Hitze ca. 10 Minuten dünsten. Birnenhälften mit einer Schaumkelle aus dem Sud nehmen, gut abtropfen und erkalten lassen. Birnenhälften in Spalte schneiden. Birnensud aufheben.

3 Johannisbeeren waschen, gut abtropfen lassen und die Beeren von den Rispen lösen.

4 Quark mit Brunch, dem restlichen Zitronensaft und Zucker verrühren. Die nach Vorschrift eingeweichte und aufgelöste Gelatine unterrühren. Sobald die Quarkmasse fest zu werden beginnt, einen Becher steif geschlagener Sahne unterheben.

5 Um den Tortenboden einen Torten- oder den Springformring setzen. Auf den Boden 3/4 der Birnenspalte und 1/4 der Johannisbeeren verteilen. Die Quark-Brunch-Creme daraufgeben und glattstreichen. Die Johannisbeer-Birnen-Torte ca. 1 Stunde kalt stellen, bis die Creme ganz fest ist. Tortenring abnehmen. Restliche Sahne steif schlagen und die Torte rundherum damit bestreichen. Auf die Tortenmitte die restlichen Birnenspalte geben und die Johannisbeeren rundherum verteilen.

6 Den Tortenguß nach Packungsanweisung mit dem Birnensud verrühren und unter Rühren zum Kochen bringen. Die Früchte auf der Torte mit dem Guß überziehen. Die Johannisbeer-Birnen-Torte nach Belieben mit Minze garnieren.

ZUTATEN

TEIG:

- 150 g Mehl
- 1 gestrichener TL Backpulver
- 50 g Zucker
- 1 P. Vanillinzucker
- 1 Prs. Salz
- 1 Ei
- 100 g Sanella (Margarine)

FÜLLUNG:

- 5 mittelgroße Birnen
- Saft von 2 Zitronen
- 175 g Zucker
- 500 g Johannisbeeren
- 250 g Speisequark, Magerstufe
- 1 Becher Brunch (200 g) (Rahm-Joghurt-Creme)
- 8 Blatt Gelatine, weiß
- 2 Becher Sahne à 200 ml
- 1 P. Tortenguß, klar
- evtl. Minze zum Garnieren

Dattel-Birnen-Torte

ZUTATEN

TEIG:
300 g Weizenvollkornmehl
2 Eier
125 g brauner Zucker
1 TL Bourbon-Vanille-Zucker
125 ml MAZOLA Keimöl

FÜLLUNG:
300 g entsteinte Datteln
100 g getrocknete Birnen
100 g Walnußkerne
1/2 TL Kardamom
1 Prise gemahlene Nelken
5 EL Birnengeist (40 Vol. %)
1 Eiweiß

1. Mehl, Eier, Zucker und Keimöl mit einem Handrührgerät auf der niedrigen Schaltstufe zu einem Teig verkneten. Teig kalt stellen.
2. Den Teig auf bemehlter Arbeitsfläche dünn ausrollen. Den Boden einer Springform (26 cm Ø) darauflegen und den Teig als »Kuchendeckel« ausschneiden. Mit dem restlichen Teig – etwas zum Verzieren zurückbehalten – den gefetteten Boden der Springform auslegen und dabei einen 2–3 cm hohen Rand formen. Den Boden mehrfach mit einer Gabel einstechen.
3. Für die Füllung Datteln und Birnen in kleine Würfel schneiden, Walnußkerne hacken. Mit den Gewürzen und dem Birnengeist mischen. Eiweiß steif schlagen und unter die Dattelmasse heben.
4. Füllung darauf verteilen und den Teigdeckel auflegen. Die Teigränder gut zusammendrücken. Aus den Teigresten Sterne ausstechen und die Torte damit verzieren. Die Datteltorte im vorgeheizten Backofen bei 175–200 °C (Gas: Stufe 2–3) 45–50 Minuten backen.

Philadelphia-Torte Himbeer-Kokos

❶ Löffelbiskuit in einen großen Gefrierbeutel füllen, verschließen und den Inhalt mit einer Teigrolle vollständig zerbröseln.
❷ Butter schmelzen, mit den Bröseln vermischen und in eine mit Backpapier ausgelegte Springform drücken.
❸ Philadelphia, Joghurt und Kokosraspeln mit einem Rührgerät vermischen.
❹ Tortenguß, Zucker und Himbeeren aufkochen und unter die Philadelphia-Creme rühren.
❺ Himbeerkonfitüre auf den Tortenboden verstreichen und die Creme in die Springform füllen, ca. 3 Stunden in den Kühlschrank stellen. Die Torte vor dem Servieren mit Kokosraspeln und Himbeeren garnieren.

ZUTATEN

150 g Löffelbiskuit
125 g Butter
600 g Philadelphia Doppelrahm
300 g Joghurt
3 EL Kokosraspeln (25 g)
1 Päckchen Tortenguß, klar
75 g Zucker
250 g Himbeeren, aufgetaut
3 EL Himbeerkonfitüre
Kokosraspeln zum Bestreuen
Himbeeren zum Garnieren

Aprikosentorte

ZUTATEN

TEIG:

- 150 g Sanella (Margarine)
- 175 g Zucker
- 1 P. Vanillinzucker
- 1 Prise Salz
- 3 Eier
- 2 TL Backpulver
- 150 g Mehl
- 1 EL Kakaopulver
- 1 EL Sahne

FÜLLUNG:

- 1,5 kg Aprikosen
- 125 ml Weißwein
- Saft von 1 Limone
- 75 g Zucker
- 10 Blatt Gelatine weiß
- 2 Becher à 250 g Schlagsahne
- 50 g gebräunte Mandelblätter
- 1 P. Tortenguß klar
- 250 ml Apfelsaft

1. Das weiche Fett mit Zucker, Vanillinzucker, Salz und Eiern dickschaumig schlagen. Das mit Backpulver gemischte Mehl unterrühren. 1/3 des Teiges abnehmen, mit Kakaopulver und der Sahne verrühren und in eine mit Backpapier ausgelegte Springform (24 cm Ø) geben. Teig glattstreichen und im vorgeheizten Backofen (E-Herd: 200 °C/Gasherd: Stufe 3) ca. 15 Minuten backen. Tortenboden aus der Form nehmen, Backpapier abziehen und auf einem Kuchengitter auskühlen lassen. Inzwischen die Form wieder mit Backpapier auslegen, den hellen Teig einfüllen, glattstreichen und bei gleicher Temperatur 20–25 Minuten goldbraun backen. Ebenfalls aus der Form nehmen, Backpapier entfernen und auskühlen lassen.
2. Für die Füllung die Aprikosen in reichlich kochendem Wasser kurz blanchieren, kalt abschrecken, die Haut abziehen, halbieren und den Stein entfernen. 1 kg Aprikosenhälften mit dem Wein, dem Limonensaft und Zucker zum Kochen bringen, ca. 3 Minuten leise köcheln lassen und anschließend pürieren. Aprikosenmus in eine Schüssel geben, die nach Vorschrift eingeweichte Gelatine in dem warmen Mus auflösen und gleichmäßig verrühren. Masse solange kalt stellen, bis sie fest zu werden beginnt. Einen Becher steif geschlagener Sahne unterheben.
3. Den hellen Tortenboden einmal durchschneiden und einen Boden in die gesäuberte Springform setzen. Tortenrand schließen und die Hälfte der Aprikosencreme einfüllen. Darauf den Kakaoboden setzen, restliche Creme einschichten, glattstreichen und mit dem zweiten hellen Boden abdecken. Die Aprikosentorte 2–3 Stunden durchkühlen lassen, bis die Füllung ganz fest ist. Aus der Form nehmen und mit der restlichen steif geschlagenen Sahne rundherum bestreichen. Den Tortenrand mit Mandelblättchen bestreuen. Die restlichen Aprikosen in Spalte schneiden und dekorativ auf die Tortenoberfläche legen. Aus dem Tortenguß und dem Apfelsaft einen Guß nach Packungsanweisung herstellen und die Aprikosen mit einem Pinsel dünn damit überziehen.

Erdbeertorte mit Eiercremefüllung

❶ Die Zutaten für den Mürbeteig rasch zu einem glatten Teig verarbeiten, zur Kugel formen, in Folie wickeln und 1 Stunde im Kühlschrank ruhen lassen. Danach den Teig auf einer bemehlten Arbeitsfläche ausrollen und die Form damit auslegen, dabei den Teigrand an die Form drücken und den überstehenden Rand abschneiden. Den Boden mehrmals mit einer Gabel einstechen, mit Backpapier auslegen und die Hülsenfrüchte einfüllen. Im vorgeheizten Backofen bei 190 °C ca. 15 Minuten backen. Herausnehmen und das Papier entfernen. Den Boden nochmals 10–15 Minuten hellbraun backen.

❷ Für die Creme die Milch mit 1/4 des Zuckers und dem Salz zum Kochen bringen. Die Eigelbe mit der Speisestärke verrühren und einige Löffel der heißen Milch darunterrühren. Diese Mischung unter ständigem Rühren mit einem Schneebesen in die kochende Milch rühren, kräftig durcharbeiten und einige Male aufwallen lassen.

❸ In der Zwischenzeit die Eiweiße zu steifem Schnee schlagen, dabei den restlichen Zucker einrieseln lassen. Den steifen Eischnee unter die kochende Creme rühren und sofort vom Herd nehmen. Die Marzipanrohmasse mit 2–3 EL der heißen Creme streichfähig verrühren, dann nach und nach die restliche Creme daruntergeben. Zuletzt die Mandeln unterrühren. Die Creme auf dem gebackenen, erkalteten Boden verteilen und glattstreichen.

❹ Die Erdbeeren putzen, waschen, gut abtropfen lassen und auf die Creme setzen. Dick mit Puderzucker besieben, kurz unter den vorgeheizten Grill stellen und gratinieren.

ZUTATEN

MÜRBETEIG:
- 400 g Mehl
- 200 g Butter
- 110 g Puderzucker
- 1 Eigelb
- 1/4 TL Salz

CREME:
- 300 ml Milch
- 60 g Zucker
- 1 Msp. Salz
- 2 Eigelb
- 30 g Speisestärke
- 2 Eiweiß
- 150 g Marzipanrohmasse
- 80 g geschälte, geriebene Mandeln

BELAG:
- 500 g frische Erdbeeren oder Himbeeren

- 1 Tarteform von 24 cm Ø
- Backpapier und getrocknete Hülsenfrüchte zum »Blindbacken«
- Puderzucker zum Besieben

Kirschtorte nach Mutters Art

ZUTATEN

FÜR EINE SPRINGFORM (26 CM Ø):
1 kg frische Kirschen oder eingemachte aus dem Glas
125 g Butter
250 g Zucker
5 Eier, getrennt
1 gehäufter TL Backpulver
300 g geriebenes Graubrot
100 ml Rotwein
Butter und Semmelbrösel für Form

1. Backofen vorheizen: 200 °C (Gas Stufe 3).
2. Die frischen Kirschen entsteinen. Die Butter schaumig rühren, dabei nach und nach den Zucker zugeben. Alle Eigelb unterrühren und das Backpulver unter die Masse mengen. Dabei darauf achten, daß es gut verteilt wird. Die Graubrotbrösel mit Wein anfeuchten.
3. Die Eiweiß steif schlagen, mit den Kirschen und den Bröseln unter die Eimasse heben.
4. Alles in eine gebutterte, mit Semmelbrösel ausgestreute Springform geben und etwa 40 Minuten hellbraun backen.

Beschwipste Mandeltorte

1 Backofen vorheizen: 180 °C (Gas Stufe 2).
2 Butter, Zucker und Vanillezucker schaumig rühren. Die Eier zugeben. Mehl, Backpulver, Gewürze und Kakao mischen und einarbeiten. Zuletzt gemahlene Mandeln und die Schokolade unterziehen.
3 Teig in eine gebutterte und mit Bröseln ausgestreute Form füllen und glattstreichen. Etwa 40 Minuten auf der zweiten Einschubleiste von unten backen. Auf ein Kuchengitter stürzen und abkühlen lassen.
4 Kirschwasser mit Zucker, Vanillezucker und Kaffeepulver kurz erwärmen. Den Kuchen mit einem Holzspieß mehrmals einstechen und mit der Mischung tränken. In Alufolie verpacken und einen Tag lang durchziehen lassen. Zum Servieren mit Puderzucker bestreuen.

ZUTATEN

FÜR EINE SPRINGFORM (26 CM Ø):

- 250 g Butter
- 250 g Zucker
- 2 EL Vanillezucker
- 4 Eier
- 325 g Mehl
- 2 TL Backpulver
- 1 TL Lebkuchengewürz
- 1 Prise Salz
- 2 EL Kakao
- 200 g gemahlene Mandeln
- 100 g geraspelte Schokolade
- 8 EL Kirschwasser
- 2 TL Zucker
- 2 EL Vanillezucker
- 1 EL Instant-Kaffee
- Puderzucker zum Bestreuen
- Butter und Semmelbrösel für die Form

Saftige Stachelbeertorte

ZUTATEN

FÜR EINE SPRINGFORM (26 CM Ø):

MÜRBETEIG:
- 250 g Mehl
- 100 g Zucker
- 1 Ei
- 1 Prise Salz
- 125 g kalte Butterflöckchen
- Backpapier
- getrocknete Hülsenfrüchte

FÜR DIE FÜLLUNG:
- 500 g Stachelbeeren, frisch oder eingemachte aus dem Glas
- 100 g Zucker
- 5 Eier
- 250 ml Sahne
- 1 Prise gemahlene Nelken

1. Backofen vorheizen: 200 °C (Gas Stufe 3).
2. Die Zutaten für den Mürbeteig rasch vermengen und zusammenkneten. Teig in Frischhaltefolie einwickeln und mindestens 1 Stunde im Kühlschrank kalt stellen. Dann ausrollen und die gebutterte Springform damit auslegen. Backpapier hineingeben und mit den Hülsenfrüchten füllen. 15 Minuten auf der 2. Einschubleiste von unten backen. Hülsenfrüchte und Backpapier herausnehmen.
3. Stachelbeeren auf einem Sieb abtropfen lassen. Den Mübeteig damit belegen. Übrige Zutaten gut miteinander verrühren und darübergießen. 30–40 Minuten auf der mittleren Einschubleiste backen.

Holunder-Quarktorte

❶ Backofen vorheizen: 200 °C (Gas Stufe 3).

❷ Alle Teigzutaten auf einer kühlen Platte rasch verkneten, damit der Mürbeteig nicht warm wird. Teig in Frischhaltefolie wickeln und für mindestens 1 Stunde im Kühlschrank aufbewahren.
Dann ausrollen und die gebutterte Springform damit auslegen.
Den Teig mit Backpapier auskleiden und die Hülsenfrüchte hineingeben.
15 Minuten auf der zweiten Einschubleiste von unten backen. Hülsenfrüchte und Backpapier entfernen.

❸ Quark mit Zucker, Mehl, Eiern und Milch mit dem Handrührer verrühren. Sahne schlagen und unterheben.
Beeren auf dem Boden verteilen.
Die Quarkmasse über die Beeren gießen und weitere 30 Minuten backen.

ZUTATEN

FÜR EINE SPRINGFORM (26 CM Ø):

MÜRBETEIG:
- 250 g Mehl
- 100 g Zucker
- 1 Ei
- 1 Prise Salz
- 125 g kalte Butterflöckchen
- Backpapier
- getrocknete Hülsenfrüchte

FÜR DIE FÜLLUNG:
- 200 g Magerquark
- 70 g Zucker
- 1 EL Mehl
- 2 Eier
- 125 ml Milch
- 125 ml Schlagsahne
- 400 g Holunderbeeren
- Butter für die Form

Fruchtgelee-Torte

ZUTATEN

BISKUITTEIG:

- 6 Eier
- 175 g Zucker
- 1 TL abgeriebene unbehandelte Zitronenschale
- 150 g Weizenmehl
- 1 TL Backpulver
- 90 g Butter

CREME:

- 6 Blatt weiße Gelatine
- 100 g Zucker
- 250 ml Kirschsaft
- 250 ml Schlagsahne

BELAG:

- 1 Beutel Götterspeise Kirschgeschmack
- 40 g Zucker
- 500 ml Kirschsaft
- 200 g Marzipan-Rohmasse
- 250 g Schlagsahne
- 1 Päckchen Vanillinzucker

1. Für den Teig Eier mit dem Handrührgerät ca. 1 Min. schaumig schlagen, Zucker und Zitronenschale nach und nach dazugeben und weitere 2 Min. schlagen. Mehl und Backpulver mischen, die Hälfte auf die Eiermasse sieben und kurz unterrühren. Das restliche Mehlgemisch unterarbeiten, die Butter zerlassen, abkühlen und vorsichtig unter den Teig ziehen.
2. Eine Springform (28 cm Ø) fetten, Boden mit Backpapier auslegen und mit dem Teig füllen. In den auf 180 °C vorgeheizten Backofen geben und etwa 30 Min. backen. Boden aus der Form lösen, auf ein Kuchengitter stürzen, Backpapier abziehen und auskühlen lassen.
3. Für die Kirsch-Creme Gelatine in kaltem Wasser einweichen, Zucker und Kirschsaft verrühren. Gelatine ausdrücken und auflösen. Etwas Saft unterziehen, zu dem Kirschsaft geben und unterrühren, wenn die Masse anfängt zu gelieren, steif geschlagene Sahne unterziehen.
4. Den Tortenboden einmal waagerecht durchschneiden. Einen Tortenring um den unteren Boden stellen und die Kirsch-Creme auf dem Boden verteilen. Den oberen Boden daraufsetzen und 30 Min. kalt stellen.
5. Götterspeise nach Packungsanleitung mit Zucker und Kirschsaft zubereiten. Ca. 1 Tasse davon beiseite stellen, den Rest in eine flache Form gießen und fest werden lassen. Marzipan-Rohmasse zwischen Backpapier dünn ausrollen und eine Platte mit 28 cm Ø ausschneiden, auf den oberen Biskuitboden legen. Mit der etwas verfestigten Götterspeise bestreichen. Die festgewordene Götterspeise aus der Form stürzen und in gleichmäßige Würfel schneiden. Sahne und Vanillinzucker steif schlagen und in den Spritzbeutel mit Sterntülle füllen. Tortenring entfernen. Torte mit Sahne und den Geleewürfeln garnieren.

Fruchtige Bananen-Biskuit-Torte

1. Den Backofen auf 180 °C vorheizen, eine Springform (24 cm Durchmesser) mit Backtrennpapier auslegen.
2. Die Eiweiße steif schlagen, die Eigelbe mit dem Zucker zu einer hellschaumigen Masse rühren. Das Mehl mit dem Zimt und dem Eischnee unter die Schaummasse heben. Den Teig in die Form füllen und 30–40 Minuten backen.
3. Inzwischen die Gelatine einweichen. Die Bananen in Stücke schneiden und mit dem Zucker, dem Zitronensaft und dem Sauerrahm pürieren. Den Biskuitboden auskühlen lassen und zweimal quer durchschneiden. Die Gelatine auflösen und unter die Bananencreme rühren, ansteifen lassen. Die Böden mit dem Saft und dem Likör tränken.
4. Ein Drittel der Creme auf den unteren Tortenboden streichen, den zweiten Boden darauflegen und mit dem zweiten Drittel bestreichen. Den letzten Tortenboden daraufsetzen und die gesamte Torte mit der restlichen Creme bestreichen. Die Kokosraspel in einer Pfanne bräunen und um den Tortenrand verteilen.
5. Den Guß mit dem Likör, dem Wasser und dem Zucker aufkochen und abkühlen lassen. Inzwischen die Bananen in Scheiben schneiden, die Papaya schälen, halbieren und die Kerne entfernen. Dann in dünne Spalten schneiden. Bananen und Papaya mit dem Zitronensaft beträufeln. Auf der Torte anrichten und den Guß darüber verteilen. Mit den Melisseblättchen garnieren.

ZUTATEN

TEIG:
- 5 Eier getrennt
- 125 g Zucker
- 125 g Weizenmehl
- 1 TL Zimt
- 125 ml Bananensaft
- 3 EL Bananenlikör

CREME:
- 12 Blatt Gelatine
- 7 Bananen
- 80 g Zucker
- Saft einer Zitrone
- 500 g Sauerrahm

BELAG:
- 50 g Kokosraspel
- 1 Pck. Tortenguß
- 3 EL Bananenlikör
- 250 ml Wasser
- 2 EL Zucker
- 1 Banane
- 1 Papaya
- Saft einer Zitrone
- 10–15 Blättchen Zitronenmelisse

Sahne- und Cremetorten

Schwarzwälder Kirschtorte

Abbildung Seite 50/51

ZUTATEN

TEIG:
4 Eier
120 g Zucker
1 Päckchen Vanillinzucker
1 Prise Salz
80 g Mehl
50 g Kakao

FÜLLUNG:
1 Glas Sauerkirschen (370 g Abtropfgewicht)
50 g Speisestärke
1–2 EL Zucker
3 EL Kirschwasser
625 ml Schlagsahne
40 g dunkle Borkenschokolade

1. Die Eier trennen, Eiweiß und 40 g Zucker in einer Schüssel mit den Quirlen des Handrührers steif schlagen, kalt stellen.
2. Eigelb mit dem restlichen Zucker, Vanillinzucker, Salz und 4 EL lauwarmem Wasser in eine Schüssel geben, mit den Quirlen des Handrührers zu einer cremigen hellen Masse aufschlagen, bis sich der Zucker gelöst hat. Den Eischnee auf die Eigelbmasse geben, das Mehl mit dem Kakao darübersieben, mit einem Schneebesen vermengen.
3. Springform (26 cm Ø) am Boden mit Backpapier belegen, Teig einfüllen, im vorgeheizten Backofen bei 175 °C auf der 2. Leiste von unten 25–30 Min. backen. Den Biskuit 10 Min. in der Form abkühlen lassen, aus der Form lösen und auf einem Kuchengitter auskühlen lassen.
4. Die Kirschen in einem Sieb abtropfen lassen, den Saft auffangen. 5 EL Saft mit der Stärke verrühren. Den restlichen Saft aufkochen, die Stärke zugeben, nochmals aufkochen, mit 1 EL Zucker süßen. 16 Kirschen zur Seite legen, die übrigen unter den Saft rühren, kalt stellen.
5. Biskuit zweimal waagerecht durchschneiden. Jeden Boden mit 1 EL Kirschwasser beträufeln.
6. 400 ml Sahne mit restlichem Zucker steif schlagen. 1/3 der Sahne in einen Spritzbeutel mit mittelgroßer Lochtülle füllen. Unteren Boden mit etwas Sahne bestreichen. Rundherum einen Sahnerand spritzen, Kirschkompott darauf verteilen. Mittleren Boden daraufsetzen, mit restlicher steif geschlagener Sahne bestreichen, oberen Boden daraufsetzen.
7. Restliche Sahne steif schlagen, Torte rundherum damit bestreichen. 16 Tortenstücke markieren, mit der im Spritzbeutel verbliebenen Sahne 16 Tupfen auf die Torte spritzen. Kirschen auf die Tupfen setzen, Borkenschokolade in die Mitte bröckeln. Torte mindestens 1 Stunde kalt stellen.

Williams-Birnen-Torte

❶ Eiweiß und Wasser mit einem Handrührgerät auf höchster Stufe sehr steif schlagen, danach Zucker und Vanillezucker unter Schlagen einrieseln lassen. Das Gerät auf die niedrigste Stufe umschalten. Eigelb leicht unter die Eiweißmasse ziehen. Zuletzt das Gemisch aus Speisestärke, Mehl, Kakao und Backpulver darunterheben. Die Biskuitmasse in eine nur am Boden gefettete Springform (26 cm Ø) füllen und im vorgeheizten Backofen bei 175–200 °C (Gas: Stufe 2–3) ca. 30 Minuten backen.

❷ Biskuitboden erkalten lassen und in 3 Platten teilen. Birnen abtropfen lassen und in Würfel schneiden. 250 ml des Birnensaftes mit Zimtstange, Nelken und nach Wunsch etwas Zucker aufkochen. Speisestärke mit 2 EL kaltem Wasser anrühren, in den kochenden Birnensaft geben und kurz aufkochen. Birnenstücke dazugeben und abkühlen lassen. Gewürze entfernen.

❸ Birnen auf dem ersten Boden verteilen, Sahne steif schlagen. Etwas Sahne auf die Birnen streichen. Den zweiten Boden auflegen, mit Birnengeist tränken und mit Sahne bestreichen. Letzten Boden daraufsetzen. Oberfläche und Rand der Torte mit Sahne bestreichen und die Torte mit Sahnetupfen garnieren. Mit einem Sparschäler von der Schokolade Späne »hobeln«. Die Birne halbieren, entkernen, in Spalten schneiden und mit Zitronensaft beträufeln. Die Torte mit Schokospänen und den Birnenspalten verzieren.

ZUTATEN

BISKUITMASSE:

- 4 Eiweiß
- 4 EL kaltes Wasser
- 100 g Zucker
- 2 TL Bourbon-Vanillezucker
- 4 Eigelb
- 60 g MONDAMIN Feine Speisestärke
- 60 g Mehl
- 30 g Kakao
- 1 gestrichener TL Backpulver

FÜLLUNG:

- 1 Dose Williams Christbirnen (850 g)
- 1–2 EL MONDAMIN Feine Speisestärke
- 1 Zimtstange
- 2 Gewürznelken
- 3–4 EL Williams Christbirnengeist
- 750 ml süße Sahne

ZUM VERZIEREN:

- 1 Tafel zartbittere Schokolade
- 1 reife Birne
- 1 EL Zitronensaft

Apfel-Pflaumen-Torte mit Kardamom

ZUTATEN

FÜR EINE SPRINGFORM (26 CM Ø):

- 30 g Mandelblättchen
- 600 g säuerliche Äpfel
- 350 g Pflaumen ohne Stein
- 75 g Butter
- 1 Msp. gemahlenen Kardamom
- 125 g Zucker
- 1 Päckchen Vanillezucker
- 3 Eier
- 250 ml Milch
- 150 g Mehl
- 175 g Puderzucker
- 1 Eiweiß
- 2 EL Pflaumensaft
- Speiseöl für die Springform

❶ Backofen vorheizen: 225 °C (Gas Stufe 4)

❷ Die Form mit 1 EL Öl einstreichen und die Mandelblättchen einstreuen. Äpfel schälen, entkernen und in dünne Spalten schneiden, Pflaumen vierteln. Obst in die Form füllen.

❸ Aus Butter, Kardamom, Zucker, Vanillezucker, Eiern, Milch und Mehl einen Teig rühren. Über das Obst gießen. Auf der 2. Einschubleiste von unten etwa 30–35 Minuten backen.

❹ 125 g Puderzucker mit dem Eiweiß zu einer cremigen Glasur verrühren. Den restlichen Puderzucker mit Pflaumensaft zur dunklen Glasur anrühren. Zuerst den Kuchen ganz mit der weißen Zuckerglasur überziehen. Aus Back- oder Butterbrotpapier ein kleines Spritztütchen wickeln. Mit der Pflaumenglasur eine große Spirale auf die weiße Glasur spritzen. Mit einer Messerspitze von der Mitte aus die dunkle Glasur in gleichmäßigen Abständen nach außen verzieren.

Brombeer-Torte mit Joghurtcreme

1 Backofen vorheizen: 180 °C (Gas Stufe 2)
2 Die Eigelb, Wasser, Zucker und Orangenschale schaumig rühren. Eiweiß mit Salz steif schlagen und auf die Eicreme gleiten lassen. Mehl, Mandeln und Backpulver mischen und darübersieben.
Alles vorsichtig unterheben. Den Boden der Sringform mit Backpapier belegen und den Teig eingießen. Dann auf der untersten Schiene 30–40 Minuten backen.
5 Minuten in der Form, dann auf dem Gitter auskühlen lassen.
3 Für die Füllung die Beeren säubern. Gelatine in kaltem Wasser einweichen, im erwärmten Himbeergeist auflösen und etwas abkühlen lassen. Eigelb, Zucker und Apfelsaft schaumig rühren. Joghurt und Gelatine einrühren, schließlich die steif geschlagenen Eiweiß und die Hälfte der geschlagenen Sahne unterziehen.
Zum Gelieren kalt stellen.
4 Biskuitboden einmal waagerecht durchschneiden. Die untere Hälfte mit Brombeerkonfitüre bestreichen.
Den Springformrand um den Biskuit legen. Die Hälfte der Joghurtcreme hineingeben, glattstreichen und Dreiviertel der Beeren darauf verteilen. Mit der restlichen Creme bedecken und den zweiten Tortenboden aufsetzen. Die Torte im Kühlschrank fest werden lassen.
5 Vor dem Servieren die restliche Sahne steifschlagen und die Torte mit Sahne und den übrigen Beeren verzieren.

ZUTATEN

FÜR EINE SPRINGFORM (26 CM Ø):

Teig:
- 4 Eier, getrennt
- 2 EL warmes Wasser
- 150 g Zucker
- abgeriebene Schale einer halben ungespritzten Orange
- 1 Prise Salz
- 150 g Mehl
- 50 g gemahlene Mandeln
- 1/2 TL Backpulver
- Butter für die Form

Füllung:
- 750 g Brombeeren
- 10 Blatt weiße Gelatine
- 2 EL Himbeergeist
- 3 Eier, getrennt
- 150 g Zucker
- 5 cl Apfelsaft
- 300 g Sahnejoghurt
- 1 Prise Salz
- 500 ml Sahne
- 150 g Brombeerkonfitüre

Zitronen-Sahne-Torte

ZUTATEN

1 Wiener Boden, 26 cm Ø, 1,5 cm dick
1 Mürbeteigboden, 26 cm Ø
50 g Vollmilchkuvertüre (zum Bestreichen)

WIENER BODEN (1 STÜCK):

50 g Butter
100 g Mehl, Type 550
110 g Weizenstärkepuder
5 Eier
180 g Zucker
1 Pr. Salz

MÜRBETEIGBODEN (200 G)

60 g Butter
30 g Puderzucker
1 Pr. Salz
Mark 1/2 Stange Vanille
1 Eigelb
90 g Mehl, Type 550

BAISERBODEN (24 cm Ø):

100 g Zucker
2 kleine Eiweiß

❶ Wiener Boden: Die Butter erwärmen, Mehl und Puder mischen und sieben. Eier, Zucker und Salz unter Erwärmung aufschlagen, bei Erreichung von 37 °C ohne Wärmeeinwirkung weiter schaumig schlagen. Das Mehl-Puder-Gemisch unter die Eimasse mischen und zum Schluß die ebenfalls 30 bis 35 °C warme Butter unterheben. Die Masse in einen mit Backpapier eingeschlagenen Backring (Ø 26 cm) oder Springform füllen und im vorgeheizten Backofen bei 170 °C 25 bis 30 Minuten backen. Nach dem Backen den Boden auskühlen lassen.

❷ Mürbeteigboden: Alle Zutaten, bis auf das Mehl, zu einem glatten Teig verkneten. Dann das Mehl vorsichtig unterarbeiten. Den Teig am besten über Nacht in Folie kalt stehen lassen, bevor er weiterverarbeitet wird. Bei 160 °C im vorgeheizten Ofen 15 bis 20 Minuten ohne Dampfentwicklung backen.

❸ Baiserboden: Eiweiß und Zucker warm und kalt aufschlagen. In einen Spritzbeutel (Lochtülle Nr. 10) geben und auf einem mit Backpapier belegten Blech eine Spirale aufspritzen, bis der Durchmesser erreicht ist. Bei ca. 100 °C für vier Stunden trocknen lassen.

❹ Mürbeteigboden mit Kuvertüre bestreichen. Wiener Boden darauflegen und einen Tortenring (26 cm) herumstellen. Für die Zitronensahne die Sahne cremig aufschlagen. Zucker, Zitronenschale und -saft vermischen. Die eingeweichte Gelatine auflösen, in den Zitronensaft einrühren und vorsichtig unter die Schlagsahne ziehen. Die Hälfte der Zitronensahne in den Ring füllen, den Baiserboden auflegen, die zweite Hälfte der Zitronensahne darauf glattstreichen und die Torte für ca. 1 Stunde in den Kühlschrank stellen.

ZUTATEN

ZITRONENSAHNE:

600 ml Sahne

7 St. Blattgelatine oder 70 g Gelatinepulver

100 g Zucker

120 ml Zitronensaft, frisch gepreßt, Zimmertemperatur

abgeriebene Schale von 2 Zitronen, unbehandelt

GELEE:

30 ml Zitronensaft, frisch gepreßt

2 g Agar-Agar-Pulver

10 g Zucker

90 ml Fruchtsaft, klar, z. B. Apfel- oder Birnensaft

VERZIERUNG:

200 ml Sahne

100 g Vollmilchkuvertüre

5 Für den Gelee von den Zitronen einige Zesten (Schalenstreifen) abziehen, und zusammen mit Fruchtsaft, Zucker und Agar-Agar-Pulver kurz aufkochen.
Bei geringer Hitze noch 3 bis 4 Minuten köcheln lassen, dann aber gut abkühlen. Sobald der Gelee beginnt anzuziehen, kann er auf der kalten Tortenoberfläche verteilt werden.

6 Zum Schluß noch die Zitronen-Schalenstreifen gleichmäßig verteilen und den Gelee fest werden lassen. Die Torte in 16 Stücke einteilen, die Sahne schlagen und mit einem Spritzbeutel (Lochtülle Nr. 12) auf jedes Stück einen Sahnetupfen aufdressieren.

7 Die Vollmilchkuvertüre schmelzen und auf Wachspapier mit einem Löffel 16 kleine Taler gießen. Sobald die Kuvertüre angezogen ist, die Plättchen auf jeden Sahnetupfen legen.

Orangen-Rosetten-Torte

ZUTATEN

- 1 Mürbeteigboden
- 50 g Vollmilchkuvertüre
- 1 Wiener Boden
  1 x durchgeschnitten =
  1 x dick 26 cm Ø
  1 x dünn 22 cm Ø
- 3–4 Orangen, kernlos, unbehandelt
- 300 ml Wasser
- 600 g Zucker
- 50 g Butter
- etwas Zucker für die Form

WIENER BODEN (1 STÜCK):

- 50 g Butter
- 100 g Mehl, Type 550
- 110 g Weizenstärkepuder
- 5 Eier
- 180 g Zucker
- 1 Pr. Salz

MÜRBETEIG (200 G):

- 60 g Butter
- 30 g Puderzucker
- 1 Pr. Salz
- Mark 1/2 Stange Vanille
- 1 Eigelb
- 90 g Mehl, Type 550

❶ Wiener Boden: Die Butter erwärmen, Mehl und Puder mischen und sieben. Eier, Zucker und Salz unter Erwärmung aufschlagen, bei Erreichung von 37 °C ohne Wärmeeinwirkung weiter schaumig schlagen. Das Mehl-Puder-Gemisch unter die Eimasse heben und zum Schluß die ebenfalls 30 bis 35 °C warme Butter unterheben.
Die Masse in einen mit Backpapier eingeschlagenen Backring (Durchmesser 26 cm) oder Springform füllen und im vorgeheizten Backofen bei 170 °C 25 bis 30 Minuten backen. Nach dem Backen den Boden auskühlen lassen.

❷ Mürbeteig: Alle Zutaten, bis auf das Mehl, zu einem glatten Teig verkneten. Dann das Mehl vorsichtig unterarbeiten. Den Teig am besten über Nacht in Folie kalt stehen lassen, bevor er weiterverarbeitet wird. Bei 160 °C im vorgeheizten Ofen 15 bis 20 Minuten ohne Dampfentwicklung backen.

③ Zubereitung, Vorbereitung der Form: Die ungeschälten Orangen in dünne Scheiben schneiden, in köchelnden Zuckersirup ca. 1 Stunde einlegen, bis die Schale weich ist und die Farbe ins Orange umschlägt. Die Scheiben herausnehmen und gut abtropfen lassen (ggf. mit Küchenkrepp abtupfen). Eine Kuppelform buttern und zuckern und die abgetropften Orangenscheiben einlegen.

④ Zubereitung der Sahnecreme: Die Säfte mit der Sahne aufkochen. Eigelb und Zucker schaumig rühren. Die kochende Orangen-Sahne-Creme in die Eigelbmasse einrühren und zur Rose abziehen. Anschließend die vorher eingeweichte Gelatine einrühren. Die Creme nun auf ca. 30 °C abkühlen lassen und erst dann die geschlagene Sahne unterziehen.
Die Hälfte der Sahnecreme in die Kuppelform einfüllen, glattstreichen, den dünnen, kleinen Wiener Boden auflegen und diesen tränken. Die restliche Sahnecreme darauf glattstreichen, den dicken Boden auflegen, leicht andrücken und die Torte für ca. 2 Stunden in den Kühlschrank stellen. Den Mürbeteigboden mit aufgelöster Vollmilchkuvertüre bestreichen und auflegen. Die Kuppelform in heißes Wasser tauchen und dann schnell, aber vorsichtig stürzen.

ZUTATEN

ORANGEN-SAHNE-CREME:

- 250 ml Orangensaft, frisch gepreßt
- 20 ml Zitronensaft, frisch gepreßt
- 100 ml Sahne
- 6 Eigelb
- 90 g Zucker
- 8 St. Blattgelatine oder
- 80 g Gelatinepulver
- 300 ml Schlagsahne

TRÄNKE:

- etwas Orangensaft
- Orangenlikör

Erdbeer-Orangen-Sahnetorte

ZUTATEN

BUTTER-MÜRBETEIG (200 G):
60 g Butter
30 g Puderzucker
1 Pr. Salz
Mark 1/2 Stange Vanille
1 Eigelb
90 g Mehl, Type 550

WALNUSSBODEN (26 cm Ø):
40 g Weizenstärkepuder
2 kleine Eiweiß
50 g Zucker
100 g Marzipanrohmasse
25 ml Milch
20 g Walnüsse, gehackt
50 g Vollmilchkuvertüre (zum Bestreichen)

1. Butter-Mürbeteig: Alle Zutaten, bis auf das Mehl, zu einem glatten Teig verkneten. Dann das Mehl vorsichtig unterarbeiten. Den Teig am besten über Nacht in Folie kalt stehen lassen, bevor er weiterverarbeitet wird. Bei 160 °C im vorgeheizten Ofen 15 bis 20 Minuten ohne Dampfentwicklung backen.
2. Walnußboden: Weizenstärkepuder sieben und mit feingehackten Walnüssen mischen. Marzipanrohmasse mit Milch glattarbeiten. Eiweiß und Zucker zu Schnee schlagen. Ein Viertel der Eiweißmasse unter die Marzipanmasse mengen, danach den Rest unterheben. Zum Schluß die Puder-Walnuß-Mischung unterheben. Die Masse in einen Spritzbeutel (Lochtülle Nr. 10) geben und auf einem mit Backpapier belegten Blech eine Spirale aufdressieren, bis der Durchmesser erreicht ist. Bei 180 °C 12–15 Minuten backen. Nach dem Backen auskühlen lassen.
3. Mürbeteigboden mit Kuvertüre bestreichen. Walnußboden auflegen und einen Tortenring (26 cm) herumstellen. Für die Erdbeer-Orangen-Sahne Milch und Zucker aufkochen, mit den Eigelben zur Rose abziehen. Den Zitronensaft sowie das Vanillemark zugeben und die eingeweichte, gut ausgedrückte Gelatine unterrühren. Die Sahne cremig aufschlagen und, sobald die Creme ca. 30 °C erreicht hat, beides angleichen und dann die restliche Schlagsahne unterziehen.
4. Sieben schöne Erdbeeren für die Stückgarnierung beiseite legen. Die restlichen Erdbeeren in kleine Stücke schneiden und vorsichtig in die Sahnemasse mischen. Die Sahnecreme in den Tortenring füllen und über den Ringrand glattstreichen.
5. Dann für 2 bis 3 Stunden gut durchkühlen lassen. Mit einem geraden Messer die Torte aus dem Ring herausschneiden, die Torte in 14 Stücke einteilen. Die Sahne aufschlagen und mit einem Spritzbeutel (Lochtülle Nr. 10) auf jedes Stück einen Sahnetupfen aufdressieren. In die Mitte Pistazien streuen und auf die Sahnetupfen je eine halbierte Erdbeere legen.

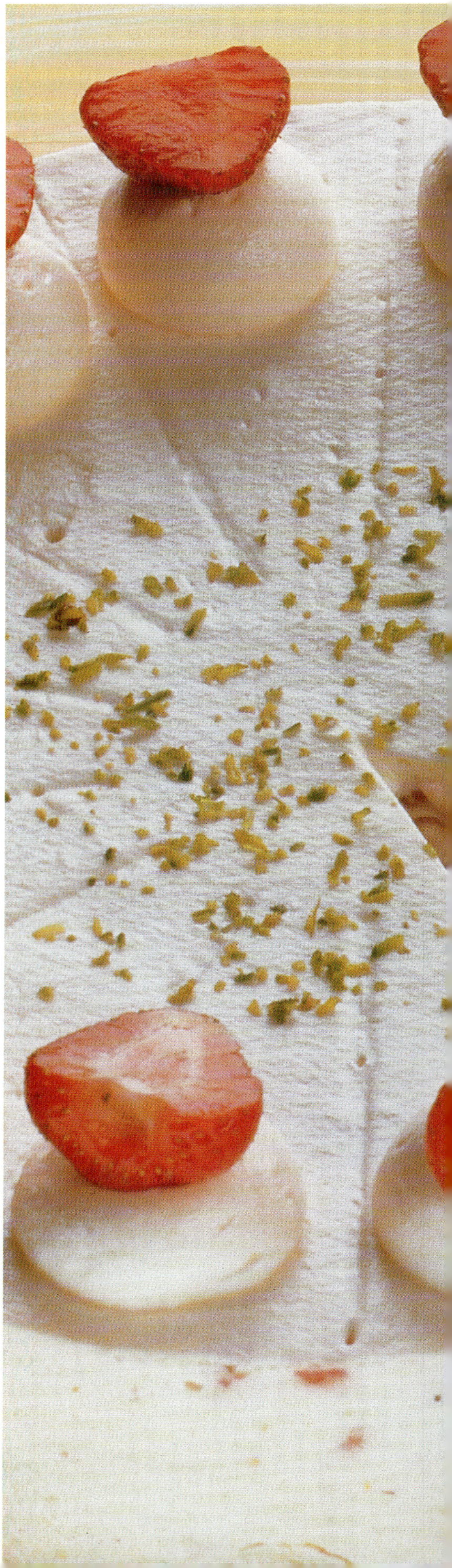

ZUTATEN

ERDBEER-ORANGEN-SAHNE:
500 ml Sahne
3 Eigelb
100 g Zucker
60 ml Milch
5 St. Blattgelatine oder 50 g Gelatinepulver
400 g Erdbeeren
Saft 1/2 Zitrone
Saft 1/2 Orange
Mark 1/2 Stange Vanille

GARNIERUNG:
50 g Pistazien, gehackt
200 ml Sahne
10 g Zucker

Mango-Baiser-Torte

❶ Margarine mit Zucker, Vanillinzucker und Eigelb cremig rühren. Mehl mit Backpulver mischen und zusammen mit der Milch zur Eimasse geben. Die Hälfte des Teiges in eine mit Backpapier ausgelegte Springform (24 cm Ø) geben und im vorgeheizten Backofen (E-Herd: 175 °C, Gas: Stufe 2) ca. 25 Minuten backen. Nach 15 Minuten mit Alufolie abdecken, damit der Boden nicht zu braun wird. Rand nach 20 Minuten mit einem scharfen Messer lösen. Aus dem restlichen Teig einen zweiten Boden backen, aber bereits nach 20 Minuten herausnehmen und 10 Minuten abkühlen lassen.

❷ Eiweiß mit Zitronensaft steif schlagen, den Zucker nach und nach einrieseln lassen. Auf dem zweiten Tortenboden verteilen, mit Mandelstiften bestreuen und bei gleicher Hitze weitere 20 Minuten backen. Mit Folie abdecken, bevor die Oberfläche zu braun wird.

❸ Mangos schälen, Fruchtfleisch vom Kern lösen, in Würfel schneiden und mit Zitronensaft und Aprikosengeist marinieren. Kurz vor dem Servieren Sahne mit Vanillinzucker und Sahnesteif steif schlagen. Abgeriebene Zitronenschale und in Streifen geschnittene Zitronenmelisse unterrühren, Mangowürfel auf dem 1. Tortenboden verteilen, Sahne daraufgeben und mit dem zweiten, in 12 Stücke vorgeschnittenen Boden abdecken.

ZUTATEN

TEIG:
- 125 g Sanella
- 100 g Zucker
- 1 P. Vanillinzucker
- 2 Eigelb
- 200 g Mehl
- 2 TL Backpulver
- 75 ml Milch

BAISER:
- 2 Eiweiß
- 1 TL Zitronensaft
- 100 g Zucker
- 30 g Mandelstiftchen

FÜLLUNG:
- 3 reife Mangos
- 4 EL Zitronensaft
- 2 EL Aprikosengeist
- 500 ml Schlagsahne
- 1 P. Vanillinzucker
- 2 P. Sahnesteif
- abgeriebene Schale einer unbehandelten Zitrone
- 3–5 Blättchen Zitronenmelisse

Philadelphia-Torte mit Preiselbeer-Mandel

ZUTATEN

- 150 g Löffelbiskuit
- 125 g Butter
- 600 g Philadelphia Doppelrahm
- 300 g Joghurt
- 3 EL Zitronensaft
- 1 Päckchen Tortenguß, klar
- 75 g Zucker
- 150 ml Wasser
- 1 Glas Preiselbeeren (395 g)
- 50 g Mandelblätter geröstet
- Minze zum Garnieren

1. Löffelbiskuit in einen großen Gefrierbeutel füllen, verschließen und den Inhalt mit einer Teigrolle vollständig zerbröseln. Butter schmelzen, mit den Bröseln vermischen und in eine mit Backpapier ausgelegte Springform drücken.
2. Philadelphia, Joghurt und Zitronensaft mit einem Rührgerät vermischen. Tortenguß, Zucker und Wasser aufkochen und unter die Creme rühren.
3. 2 EL Preiselbeeren pürieren. Ein Viertel der Creme auf dem Tortenboden verteilen, darauf die unpürierten Preiselbeeren geben und so verstreichen, daß ein Rand von ca. 2 cm frei bleibt. Die Hälfte der gerösteten Mandeln über die Preiselbeeren streuen. Restliche Creme in die Springform füllen und glattstreichen. Zum Schluß das Preiselbeerpüree auf der Oberfläche verteilen und ca. 3 Stunden in den Kühlschrank stellen.
4. Den Tortenrand vor dem Servieren mit den übrigen Mandelblättern garnieren. Die Torte mit Mandelblättern und Minze garnieren.

Kirsch-Sahne-Torte

1. Kuvertüre nach Packungsanweisung schmelzen. Butter, Zucker, Salz, Vanillezucker und Rum-back verrühren. Eier trennen. Eigelb unterrühren. Kuvertüre zufügen. Eiweiß steif schlagen und auf die Schokomasse geben. Gemahlene Mandeln und Zwiebackbrösel darübergeben und vorsichtig unterheben. Teig in eine mit Backpapier ausgelegte Springform (Ø 26 cm) füllen und im vorgeheizten Backofen bei 175 °C (Gas Stufe 2) ca. 50 Min. backen. Boden auf einem Kuchengitter auskühlen lassen.
2. Für die Creme Gelatine in kaltem Wasser einweichen. Kirschen waschen und entsteinen. 1/3 beiseite stellen, den Rest pürieren. Die Hälfte hiervon beiseite stellen. Den Rest mit Zucker, Citro-back, Kirschwasser-back und Vanillezucker verrühren. Gelatine nach Packungsanweisung auflösen und unterrühren. Sahne steif schlagen, mit dem beiseite gestellten Drittel der Kirschen und der Raspelschokolade unter die gelierende Masse geben.
3. Einen Tortenring um den Boden geben. Kirschcreme daraufstreichen. Gelatine in kaltem Wasser einweichen. Zucker mit dem beiseite gestellten Kirschpüree verrühren. Gelatine nach Packungsanleitung auflösen und zum Kirschpüree geben. Anschließend auf die Kirschcreme geben. Torte zwei Stunden in den Kühlschrank stellen.
4. Tortenring vorsichtig lösen. Halbbitter-Kuvertüre und Weiße Kuvertüre getrennt nach Packungsanweisung auflösen. Halbbitter-Kuvertüre dünn auf ein Marmorbrett streichen. Mit einem Spachtel Späne aus der noch nicht ganz fest gewordenen Kuvertüre schaben. Die Kirschen zur Hälfte in die weiße Kuvertüre eintauchen und auf einem Kuchengitter trocknen lassen. Die Torte mit Kuvertüre-Spänen, Raspelschokolade, Schoko-Dekor-Blättern und Sauerkirschen verzieren.

ZUTATEN

- 100 g Schwartau Halbbitter-Kuvertüre
- 100 g Butter
- 100 g Zucker
- 1 Pr. Salz
- 1 Pck. Vanillezucker
- 1 Btl. Schwartau Rum-back
- 4 Eier
- 100 g Schwartau Süße Mandeln gemahlen
- 50 g Zwiebackbrösel

CREME:

- 6 Blatt weiße Gelatine
- 1 kg Sauerkirschen
- 60 g Zucker
- 1 Btl. Schwartau Citro-back
- 2 Btl. Schwartau Kirschwasser-back
- 2 Pck. Bourbon Vanillezucker
- 500 g Schlagsahne
- 50 g Schwartau Raspelschokolade Vollmilch

AUSSERDEM:

- 4 Blatt Gelatine
- 40 g Zucker

DEKORATION:

- 50 g Halbbitter-Kuvertüre
- 50 g Weiße Kuvertüre
- 50 g Schwartau Raspelschokolade Vollmilch
- 1 Pck. Schwartau Schoko-Dekor-Blätter Weiße Schokolade
- 100 g Sauerkirschen

Frankfurter Kranz

❶ 200 g weiche Butter, 200 g Zucker, 1 Prise Salz, Vanillinzucker und Aromen schaumig rühren, Eier nach und nach unterrühren. Mehl und Speisestärke und Backpulver mischen, eßlöffelweise unterrühren. Teig in eine gefettete Kranzform (26 cm Ø) füllen und im vorgeheizten Ofen bei 175–200 °C 35–45 Minuten backen, auskühlen lassen.

❷ Aus Puddingpulver, 100 g Zucker, 1 Prise Salz und Milch nach Packungsvorschrift einen Pudding kochen, auskühlen lassen, dabei öfters umrühren, damit sich keine Haut bildet. 250 g Butter schaumig rühren, Pudding eßlöffelweise dazugeben. (Pudding und Butter sollten die gleiche Temperatur haben, da die Creme sonst gerinnt).

❸ Dann 10 g Butter, 50 g Zucker und gehackte Mandeln unter Rühren so lange erhitzen, bis der Krokant gebräunt ist, auf ein Stück Alufolie geben, erkalten lassen. Mit einem Nudelholz zerstoßen oder durch eine große Reibe drehen.

❹ Kranz zweimal durchschneiden. Die 2 unteren Lagen mit Buttercreme bestreichen, in die Mitte der unteren Lage Konfitüre geben. Kranz zusammensetzen. Restliche Creme aufstreichen (etwas zum Verzieren zurücklassen) und mit Krokant bestreuen. Zurückbehaltene Creme in einen Spritzbeutel füllen und damit verzieren, je eine rote Belegkirsche daraufdrücken.

ZUTATEN

- 460 g Butter
- 350 g Zucker
- Salz
- 1 Päckchen Vanillinzucker
- 4 Tropfen Zitronen-Backöl
- 1 Fläschchen Rum-Aroma
- 4 Eier
- 250 g Weizenmehl
- 50 g Speisestärke
- 2 gestr. TL Backpulver
- Fett für die Form
- 1 Päckchen Vanille-Puddingpulver (40 g)
- 1/2 l Milch
- 200 g abgezogene gehackte Mandeln
- 100 g Erdbeer- oder Kirschkonfitüre
- Belegkirschen zum Verzieren

Zebratorte

ZUTATEN

- 1 P. Sanella Frische Teige »Rührteig«
- 1 gestr. EL Kakaopulver
- 1–2 EL Milch
- 300 g kernlose grüne Weintrauben
- 500 g Sahne
- 1 EL Zucker
- 1 P. Vanillinzucker
- 2 P. Sahnesteif
- 4 EL Rum
- 1 kleine, reife Mango

ZUM GLASIEREN:

- 1 P. Tortenguß, klar
- 250 ml Wasser
- 2 gestr. EL Zucker

❶ Den Boden einer kleinen Springform (20 cm Durchmesser) mit Backpapier auslegen. Die Hälfte des Rührteiges in einen Spritzbeutel mit Lochtülle füllen. Restlichen Teig mit Kakaopulver und Milch glattrühren und in einen zweiten Spritzbeutel mit Lochtülle füllen. Nun im Wechsel vom Rand beginnend auf den Boden helle und dunkle Kreise spritzen.
❷ Im vorgeheizten Backofen (E-Herd: 180 °C/Gasherd: Stufe 2) ca. 35 Minuten backen. Den Boden in der Form leicht auskühlen lassen, auf ein Kuchengitter geben, das Backpapier abziehen und ganz auskühlen lassen.
❸ Die gewaschenen, gut abgetropften Weintrauben halbieren. Sahne mit Zucker, Vanillinzucker und Sahnefestiger sehr steifschlagen. Unter die Hälfte der Sahne gut 2/3 der Weintrauben heben.
❹ Den Schwarz-Weiß-Boden waagerecht halbieren, die Böden mit Rum beträufeln. Auf den unteren Boden die Traubensahne streichen und mit dem zweiten abdecken. Die Torte mit der restlichen Sahne rundherum bestreichen.
❺ Mango schälen, Fruchtfleisch vom Stein lösen und in Spalten schneiden, mit den restlichen Weintrauben dekorativ auf der Tortenoberfläche verteilen. Tortenguß mit Wasser und Zucker nach Anweisung zubereiten und die Früchte mit Hilfe eines Pinsels damit überziehen. Ca. 1 Stunde gut durchkühlen lassen.

Kumquats-Joghurt-Torte mit Marzipan

❶ Eiweiß und 2 EL kaltes Wasser mit einem Handrührgerät auf der höchsten Schaltstufe sehr steif schlagen. Zucker und Orangen-Aroma unter Schlagen einrieseln lassen. Das Gerät auf die niedrigste Stufe umschalten. Eigelb leicht unter die Eiweißmasse ziehen und das Gemisch aus Feine Speisestärke, Mehl, Backpulver und Mandeln darunterheben. Zuletzt das Fett unter die Biskuitmasse ziehen.

❷ Die Biskuitmasse in eine nur am Boden gefettete Springform (26 cm Ø) füllen und im vorgeheizten Backofen bei 200 °C (Gas: Stufe 3) etwa 15 Minuten backen. Nach dem Backen den Tortenboden in der Springform erkalten lassen.

❸ Tortenboden mit Orangenmarmelade bestreichen. Marzipanrohmasse mit Puderzucker verkneten, dünn ausrollen, einen Kreis in Tortenbodengröße ausschneiden und auf den Tortenboden legen.

❹ Kumquats waschen und in dünne Scheiben schneiden. Joghurt, Zucker und Orangenlikör verrühren. Die eingeweichte, ausgedrückte und aufgelöste Gelatine in die Joghurtmasse rühren. Sobald die Masse anfängt steif zu werden, 200 g Kumquats und steif geschlagene Sahne darunterheben.

❺ Joghurt-Kumquats-Masse auf dem Tortenboden verteilen und glattstreichen. Die Torte im Kühlschrank fest werden lassen.

❻ Den Springformrand lösen und die Torte mit restlichem Marzipan, Kumquats und Haselnußkrokant verzieren.

Anstatt Kumquats können auch Mandarinen oder Orangen verwendet werden.

ZUTATEN

BISKUITMASSE:

- 2 Eiweiß
- 80 g Zucker
- 1 TL UBENA Natürliches Aroma Orange
- 2 Eigelb
- 30 g Mehl
- 30 g MONDAMIN Feine Speisestärke
- 1 gestrichener TL Backpulver
- 50 g gemahlene Mandeln
- 20 g abgekühlte, noch flüssige Butter

BELAG:

- 2 EL Orangenmarmelade
- 200 g Marzipanrohmasse
- 75 g Puderzucker
- 250 g Kumquats (Zwergorangen)
- 750 g Naturjoghurt
- 150 g Zucker
- 5 EL Orangenlikör
- 12 Blatt weiße Gelatine
- 200 g süße Sahne
- 50 g Haselnußkrokant

Bunte Herzchen-Torte

ZUTATEN

4 Eier
2 EL heißes Wasser
100 g Zucker
100 g Weizenmehl
75 g Speisestärke
2 TL Backpulver
1/2 Btl. Schwartau Citro-back

FÜLLUNG:

250 g Magerquark
100 g Crème fraîche
50 g Zucker
1 Ds. Pfirsiche (850 ml)
3 Blatt weiße Gelatine
1/2 Ds. Birnen

DEKORATION:

1 Btl. Schwartau Kuchenglasur Zitrone
200 g Schwartau Feine Marzipan-Rohmasse
100 g Puderzucker
4 Back & Speisefarben von Schwartau

1 Eier trennen. Eigelb und Wasser schaumig rühren. Zucker einrieseln und solange weiterschlagen, bis die Masse hellgelb, cremig ist. Mehl, Speisestärke, Backpulver und Citro-back vermischen und eßlöffelweise in den Teig geben. Eiweiß zum steifen Schnee schlagen und vorsichtig unterziehen. Eine Springform (Ø 26 cm) mit Backpapier auslegen, Teig einfüllen und backen. Nach dem Backen Torte vorsichtig aus der Form lösen und auf einem Küchengitter abkühlen lassen.

2 Für die Füllung Quark, Crème fraîche und Zucker verrühren. Drei Pfirsichhälften abtropfen lassen, fein pürieren und in die Quarkmasse geben. Gelatine nach Packungsanleitung auflösen, etwas abkühlen lassen und in den Quark rühren. Beginnt der Quark fest zu werden, restliche Pfirsichhälften abtropfen, in kleine Würfel schneiden und unterziehen.

3 Torte einmal quer durchschneiden, den Springformrand um den Boden setzen und die Hälfte vom Quark darauf verteilen. Birnen abtropfen, in Spalten schneiden und auf die Creme legen, mit dem restliche Quark abschließen. Tortendeckel auflegen, etwas andrücken.

4 Torte mit der Kuchenglasur überziehen. Marzipan zu je 50 g einfärben und auf Puderzucker dünn ausrollen. Mit Herz-Ausstechern die Deko-Herzen herstellen und auf die feuchte Glasur legen. Torte in den Kühlschrank stellen.

Zuckerspeck-Kokos-Torte

❶ Butter mit Handrührgerät geschmeidig rühren, nach und nach Zucker und Vanillinzucker dazugeben und rühren, bis eine geschmeidige Masse entsteht. Eigelb nach und nach unterrühren.
❷ Inzwischen Kokosraspel in einer Pfanne ohne Fett leicht anrösten, auf einem Teller erkalten lassen. Mehl, Backpulver und Kokosraspel mischen und unter die Ei-Masse rühren. Eiweiß steif schlagen und vorsichtig unterheben.
❸ Den Teig in eine gefettete Springform (26 cm Ø) füllen und im vorgeheizten Backofen bei 180 °C ca. 30 Min. backen. Den Boden etwas ruhen lassen, aus der Form lösen und auf ein Kuchengitter stürzen, auskühlen lassen.
❹ Konfitüre erwärmen und Boden damit bestreichen. Tortenring um den Boden stellen. Kokos-Konfekt kleinschneiden, 500 ml Sahne mit Sahnesteif schlagen, das Konfekt unterheben und die Creme auf dem Boden verteilen, Tortenring entfernen. Restliche Sahne steif schlagen, in einen Spritzbeutel mit Sterntülle füllen und die Torte mit Sahnetuffs verzieren, mit dem Zuckerspeck garnieren.

ZUTATEN

RÜHRTEIG:
- 125 g weiche Butter
- 125 g Zucker
- 1 Päckchen Vanillinzucker
- 4 Eigelb
- 50 g Kokosraspel
- 100 g Weizenmehl
- 1 gehäufter TL Backpulver
- 4 Eiweiß

BELAG:
- 50 g Aprikosenkonfitüre
- 15 Stück Kokos-Konfekt
- 600 ml Schlagsahne
- 2 Päckchen Sahnesteif
- 50 g Kokosraspel

DEKORATION:
- 16 Stück rosa Zuckerspeck

Frühlingstorte

ZUTATEN

- 100 g Butter
- 75 g Zucker
- 1/2 TL UBENA Zitronenschalen-Aroma
- 2 Eier
- 50 g Mehl
- 50 g MONDAMIN Feine Speisestärke
- 1 gestr. TL Backpulver
- 50 g gemahlene Mandeln

FÜR DEN BELAG:

- 250 g Mascarpone (ital. Frischkäse)
- 250 g Magerquark
- 50 g Zucker
- 1 Becher (200 g) süße Sahne
- 1 Kiwi
- 10 Kapstachelbeeren (ersatzweise Aprikosen)
- 2 Ananasringe

1. Weiches Fett in eine Schüssel geben, Zucker, Zitronenschalen-Aroma, Eier, Mehl, Speisestärke, Backpulver und Mandeln daraufgeben und alles mit einem Handrührgerät auf der höchsten Schaltstufe 2 Minuten gut verrühren.
2. Den Teig in eine gefettete Springform (26 cm Durchmesser) füllen und im vorgeheizten Ofen bei 200–225 °C (Gas: Stufe 3–4) 15–20 Minuten backen. Tortenboden aus der Form lösen und erkalten lassen.
3. Mascarpone mit Quark und Zucker verrühren. Sahne steif schlagen und darunterheben. Torte mit der Creme kuppelartig bestreichen und mit dem Löffelrücken wolkig anhäufen.
4. Kiwi schälen und in kleine Stücke schneiden. Kapstachelbeeren halbieren, Ananas in Stücke schneiden. Torte mit den Früchten verzieren.

Mandelbiskuit-Torte

❶ Eigelb mit Honig, Meersalz, Vanillezucker sehr cremig schlagen. Orangenschalen und Wasser dazugeben.
Steif geschlagenes Eiklar und das mit Backpulver vermischte Weizenvollkornmehl unterziehen. Den Teig in eine mit Backpapier ausgelegte Springform füllen.
Bei 180–200 °C ca. 25 Minuten auf der mittleren Schiene backen.

❷ Zwischenzeitlich Eigelb mit Honig sehr cremig schlagen. Die Mandeln und die abgeriebene Orangenschale zugeben.
Die Sahne mit dem Orangensaft und einer Messerspitze Johannisbrotkernmehl steif schlagen und kurz vor dem Füllen der Torte mit der kaltgestellten Mandelcreme verrühren.

❸ Den ausgekühlten Tortenboden durchschneiden, unteren Boden mit einem Drittel der Mandelcreme füllen, die obere Bodenhälfte aufsetzen, mit dem Rest bestreichen. Die Torte mit Orangenscheiben belegen und mit Mandelstückchen bestreuen.

ZUTATEN

TEIG:

- 4 Eier (getrennt)
- 125 g flüssiger Honig
- 1 Prise Meersalz
- 1 P. Naturvanillezucker
- 2 EL Wasser
- abgeriebene Schale einer unbehandelten Orange
- 150 g Weizenvollkornmehl (sehr fein gemahlen) (Reformhaus)
- 1 Msp. Weinsteinbackpulver (Reformhaus)

CREME:

- 3 Eigelb
- 125 g flüssiger Honig
- 125 g geriebene Mandeln (ohne Fett kurz angeröstet)
- Schale einer unbehandelten Orange
- 250 ml Sahne
- Saft von 1/2 Orange
- 1 Messerspitze Johannisbrotkernmehl (Reformhaus)

GARNITUR:

- 1 Orange
- 50 g grobgehackte Mandeln (kurz angeröstet)

Stachelbeer-Sekttorte

ZUTATEN

TEIG:
- 7 Eier
- 100 g Butter
- 100 g Zucker
- 2 Päckchen Vanillezucker
- 300 g gemahlene Mandeln
- 1 1/2 Päckchen Backpulver
- 150 g geraspelte weiße Schokolade
- 60 ml Weinbrand
- Butter zum Einfetten

FÜLLUNG:
- 800 g Stachelbeeren
- 500 ml Wasser
- 3 EL Zucker
- 2 Päckchen Zitronencremespeise (für je 200 ml Flüssigkeit)
- 2 kleine Flaschen Sekt à 200 ml
- 500 ml süße Sahne
- Schokoladenraspeln zum Bestreuen

1 Eier trennen. Butter schaumig rühren und nach und nach Zucker zugeben. Vanillezucker und Eigelb unterrühren. Mandeln, Backpulver und Schokolade sowie Weinbrand zufügen. Eiweiß steif schlagen und darunterziehen. In eine gut gebutterte Springform mit 26 cm Ø füllen, dann im vorgeheizten Backofen bei 150 °C ca. 60 bis 70 Minuten backen. Nadelprobe. Kuchen gut abkühlen lassen.

2 Das Wasser mit 3 EL Zucker zum Kochen bringen und 650 g Stachelbeeren darin einige Minuten ziehen lassen. (Sie sollten nicht aufplatzen.) Früchte erkalten lassen. Inzwischen für die Sektcreme das Zitronenpulver mit dem Sekt anrühren und fest werden lassen.

3 Die steif geschlagene Sahne unter die Creme rühren. Den erkalteten Kuchen einmal waagerecht durchschneiden. Den Tortenboden mit etwas Creme bestreichen, die gekochten und erkalteten Stachelbeeren darauf verteilen, wieder mit etwas Creme bestreichen und die andere Tortenhälfte darauflegen. Die Torte mit der restlichen Creme bestreichen und verzieren. Die übriggebliebenen rohen Stachelbeeren halbieren und die Torte verzieren. Den Tortenrand mit Schokoladenraspeln bestreuen.

Biskuittorte mit Zitronensahne

❶ Aus Eigelb, Honig, Vanillezucker, Salz und Wasser eine Schaummasse rühren. Weizenmehl und gemahlene Nüsse auf die Schaummasse und darauf das geschlagene Eiklar geben. Alles vorsichtig miteinander vermischen.

❷ Den Teig in eine mit Pergamentpapier ausgelegte Springform (Durchmesser 24–26 cm) füllen und im vorgeheizten Backofen ca. 20–25 Minuten backen. Gut auskühlen lassen und auseinanderschneiden.

❸ Sahne steif schlagen und alle Zutaten für die Fülle miteinander vermengen. Die Hälfte der Masse auf eine Teigplatte streichen und mit der anderen Platte abdecken. Die Torte mit der restlichen Zitronensahne rundum bestreichen, mit Zitronenraspeln garnieren.

ZUTATEN

TEIG:
- 4 Eier (getrennt)
- 80–100 g Honig
- 1 Päckchen Naturvanillezucker
- 1 Prise Meersalz
- 3 EL Wasser
- 150 g Weizenvollkornmehl (Reformhaus)
- 80 g gemahlene Haselnüsse

FÜLLUNG:
- 250 g Quark (40 % F.)
- 1 Becher Sahne (350 ml)
- 1/2 TL Johannisbrotkernmehl (Reformhaus)
- 4–5 EL Ahornsirup oder Honig
- Saft und abgeriebene Schale von 2 unbehandelten Zitronen
- 1 Päckchen Natur-Vanillezucker

Leichte Joghurt-Torte

ZUTATEN

SPRINGFORM 24 CM Ø

TEIG:
- 75 g Mehl
- 50 g gemahlene Mandeln
- 50 g Sanella
- 50 g Zucker
- 1 Päckchen Rum-back

FÜLLUNG:
- 12 Blatt weiße Gelatine
- 4 Eier
- 125 g Puderzucker
- 500 g Joghurt
- 1 kleine Dose Aprikosen (ca. 250 g Abtropfgewicht)
- 150 g Schlagsahne
- 1 TL Pflanzenöl

GARNITUR:

Zitronenmelisse und gehackte Pistazien

1 Mehl, Mandeln, Margarine, Zucker und Rum-back in eine Schüssel geben, mit den Händen zu einem glatten Teig verkneten. In Klarsichtfolie verpackt 20 Minuten kalt stellen. Den Teig zwischen zwei Lagen Backpapier ausrollen. Die Form mit Backpapier auslegen und den Teig hineingeben. Dabei einen kleinen Rand formen. Im vorgeheizten Backofen (E-Herd 200 °C/Gas Stufe 3/Umluft 180 °C) ca. 20 Minuten backen. Boden aus der Springform lösen und abkühlen lassen.

2 Inzwischen für die Füllung 9 Blatt und 3 Blatt Gelatine separat in kaltem Wasser einweichen. Eier trennen. Eigelb mit Puderzucker schlagen, bis eine dickliche helle Creme entstanden ist. Joghurt unterrühren. Die 9 Blatt Gelatine abtropfen lassen, nach Anweisung auflösen und 2 EL von der Joghurtcreme unterrühren. Dann diese Mischung in die restliche Joghurtcreme einrühren.

3 Aprikosen abtropfen lassen, pürieren und unter die Hälfte der Joghurtcreme rühren. Sahne steif schlagen und unter die andere Hälfte der Joghurtcreme heben. Eiweiß steif schlagen und je die Hälfte unter die helle und die Aprikosencreme ziehen.

4 Nun die 3 Blatt Gelatine erwärmen und ebenfalls nach Anweisung auflösen. 5–6 EL von der Aprikosencreme abnehmen und löffelweise in die flüssige Gelatine rühren. Einen tiefen Teller mit Öl ausstreichen, die Creme hineingießen und kalt stellen.

5 Den bereits fertigen Tortenboden wieder in die Springform legen. Erst die Aprikosencreme, dann die helle Creme einfüllen und die Torte kalt stellen. Mit Ausstechformen Figuren aus dem Gelee auf dem Teller ausstechen und in die bereits etwas fest gewordene Tortenfüllung setzen. Gut durchkühlen lassen. Mit Zitronenmelisse und Pistazien garnieren.

Montego-Roulade

① Rouladenkapsel: Mehl und Kakao sieben und mischen; Kuvertüre auflösen. Eiweiß im Wasserbad bis auf 30 bis 32 °C erwärmen. Den Zucker stetig einrieseln lassen und zusammen kalt schlagen. Die aufgelöste Kuvertüre leicht untermischen und das Mehl-Kakao-Gemisch unterheben. Auf ein Backpapier aufstreichen (25 x 30 cm) und im vorgeheizten Ofen bei 160 °C 14 bis 17 Minuten backen.

② Schwarzwälder-Kirsch-Buttercreme: Buttercreme und Kirschwasser verrühren. Die Roulade mit Kirschkonfitüre bestreichen. Anschließend die Kirsch-Buttercreme aufstreichen und aufrollen. Kühl stellen.

③ Buttercreme: Eier, Zucker und Salz warm aufschlagen, bei Erreichen von Körpertemperatur aus dem Wasserbad nehmen und kalt schlagen. Die zimmerwarme Butter ca. 15 Minuten schlagen (sahnige Konsistenz). Die Butter mit der Eimasse vorsichtig vermischen.

4 Mango-Buttercreme: Eine Mango schälen, vom Kern befreien, pürieren, durch ein nicht zu feines Sieb streichen. In die Buttercreme einrühren. Die zweite Mango in sehr dünne Scheiben schneiden und auf der Montego-Kapsel verteilen. Darauf die Buttercreme streichen und anschließend aufrollen. Kühl stellen.

5 Schokoladen-Buttercreme: Die Kuvertüre auflösen und unter die Buttercreme ziehen. Anschließend den Rum einrühren.

6 Die Creme auf die Montego-Kapsel verteilen und glattstreichen. Die Roulade aufrollen und kühl stellen. Das Rezept ergibt ca. 6 Scheiben bei der Dicke von 4 bis 5 cm pro Scheibe.

ZUTATEN

6 SCHEIBEN

ROULADENKAPSEL:
- 50 g Mehl, Type 550
- 40 g Kakaopulver
- 350 g Zucker
- 7 Eiweiß

FRANZÖSISCHE BUTTERCREME (900 G):
- 5 Eier
- 200 g Zucker, feine Sorte
- 2 g Salz
- 510 g Butter

SCHWARZWÄLDER-KIRSCH-BUTTERCREME:
- 600 g Buttercreme
- 50 ml Kirschwasser
- 150 g Kirschkonfitüre mit ganzen Früchten

MANGO-BUTTERCREME:
- 500 g Buttercreme (Rezept siehe oben)
- 2 nicht zu reife Mangos

SCHOKOLADEN-BUTTERCREME:
- 600 g Buttercreme (Rezept siehe oben)
- 70 g Edelbitterkuvertüre
- 60 ml Rum (38 %)

Rumrosinen-Kirschen-Eistorte

1 Eier trennen, Eiweiß und 1 EL Wasser steif schlagen, Zucker dabei einrieseln lassen. Eigelb und Zitronenschale zufügen. Mehl und Backpulver darübersieben und unterheben. In eine am Boden gefettete Springform (26 cm Ø) streichen. Im vorgeheizten Backofen (E-Herd: 175 °C/ Umluft: 150 °C/Gas: Stufe 2) ca. 15 Minuten backen. In der Form auskühlen.

2 Vanilleschote aufschneiden, Mark herauskratzen, Schote und Milch aufkochen. Eigelb und 175 g Zucker cremig aufschlagen, heiße Milch nach und nach unter das Eigelb rühren, dabei langsam erhitzen (nicht kochen!), bis die Creme dicklich wird, dann die Creme so lange rühren, bis sie kalt ist. Danach im Kühlschrank vollständig auskühlen lassen.

3 Rosinen waschen, abtropfen, mit Rum begießen. Kirschen abtropfen, bis auf einige zum Verzieren, vierteln.

4 Die Hälfte der Sahne steif schlagen, unter die Creme heben. Kirschen und Rosinen unterrühren. Die Masse auf den Biskuit streichen. Zugedeckt über Nacht im Gefrierschrank völlig durchfrieren. Ein in heißes Wasser getauchtes, ausgewrungenes Tuch um die Form legen und die Torte herauslösen. Restliche Sahne und Zucker steif schlagen, Torte mit 3/4 der Sahne einstreichen. Torte mit Sahnetuffs, Schokolade, Minze und Waffelröllchen und übrigen Kirschen verzieren.

ZUTATEN

TEIG:
- 2 Eier
- 50 g Zucker
- abgeriebene Schale von 1/2 unbehandelten Zitrone
- 100 g Mehl
- 1 TL Backpulver
- Fett für die Form

FÜLLUNG:
- 1/2 Vanilleschote
- 250 ml Milch
- 6 Eigelb
- 200 g Zucker
- 100 g Rosinen
- 6 EL Rum
- 1 Glas (700 ml) Kirschen
- 750 g Schlagsahne

DEKORATION:
- 50 g Borkenschokolade
- Minzblättchen
- Waffelröllchen

Eierlikör-Sahne-Torte

ZUTATEN

TEIG:

- 140 g Zartbitter-Kuvertüre
- 75 g Butter
- 6 Eier
- 180 g Zucker
- 100 g Mehl
- 50 g Speisestärke
- 2 TL Backpulver
- 1 EL Espressopulver (Instant)

FÜLLUNG:

- 5 Blatt weiße Gelatine
- 400 g Schlagsahne
- 260 ml Eierlikör
- 3 Eiweiße
- 40 g Zucker

DEKORATION:

- 300 g Schlagsahne
- 2 Päckchen Sahnesteif
- 3 EL Schokoladen-Raspel
- ca. 12 Nougat-Trüffeln

1. Kuvertüre mit Butter im warmen Wasserbad schmelzen. Backofen auf 175 °C vorheizen. Die Eier trennen. Die Eiweiße zu steifem Schnee schlagen. Die Eigelbe mit Zucker schaumig rühren. Kuvertüre unterrühren. Mehl, Stärke und Backpulver mit Espressopulver über den Eischnee sieben und locker unter die Ei-Zucker-Masse unterziehen. Biskuit in eine mit Backpapier ausgelegte Springform (26 cm Ø) füllen und im Ofen bei 175 °C (Gas: Stufe 2) 30–40 Minuten backen.
2. Für die Creme die Gelatine einweichen. Die Sahne halbsteif schlagen. Etwas Eierlikör erwärmen, die ausgedrückte Gelatine darin auflösen, alles unter den übrigen Likör rühren. Eiweiße und Zucker zu einem cremigen Schnee schlagen und mit der Sahne unter den Eierlikör heben und 15 Minuten kalt stellen.
3. Biskuitboden zweimal waagerecht durchschneiden, um den untersten Boden einen Tortenring legen. Die Hälfte der Creme aufstreichen, den 2. Tortenboden daraufsetzen, die übrige Creme und den 3. Boden daraufsetzen.
4. Sahne mit Sahnesteif steif schlagen. Tortenring entfernen. Tortenrand dünn mit Sahne bestreichen und mit Schoko-Raspeln bestreuen. Restliche Sahne in einen Spritzbeutel mit Sterntülle füllen und vom Rand zur Mitte hin sternförmig Linien spritzen. Torte auf der Oberfläche rundum mit Nougat-Trüffeln umlegen und mit Schokoladen-Raspeln dekorieren.

ZUTATEN

BISKUITTEIG:
- 4 Eiweiße
- 1 Prise Salz
- 100 g Zucker
- 100 g Butter
- 4 Eigelbe
- je 1 Prise Nelken-, Muskatnuß-, Zimt-, Anispulver
- Vanillegranulat
- 100 g Zartbitter-Kuvertüre
- 100 g Aurora Urkraft des Keimes
- 50 g gemahlene Mandeln
- 1 gehäufter TL Backpulver

MÜRBETEIG:
- 100 g Aurora Urkraft des Keimes
- 1 Prise Salz
- 30 g Zucker
- 50 g Butter
- 1 Eigelb
- 1 EL saure Sahne

Sterntaler-Torte

1. Die Springform (24 cm Ø) gut einfetten und mit Mandeln bestreuen.
2. Biskuitteig: Die Eiweiße und 1 Prise Salz mit einem Handrührgerät sehr steif schlagen. 50 g Zucker unter weiterem Rühren einrieseln lassen und so lange schlagen, bis der Zucker sich aufgelöst hat. Butter, zimmerwarm, mit restlichem Zucker und Eigelben schaumig schlagen. Gewürze und geschmolzene Kuvertüre unterrühren. Eischnee, Mehl, Mandeln und Backpulver unterheben. Den Teig in die Form füllen und bei 180 °C 35–40 Minuten backen. Aus der Form nehmen und auskühlen lassen.
3. Mürbeteig: Alle Zutaten rasch zu einem Teig verarbeiten. Mit etwas Mehl dünn auswellen und in die Springform geben. Mit einer Gabel mehrmals einstechen und bei 200 °C ca. 15 Minuten hellbraun backen. Aus der Form nehmen und auskühlen lassen.
4. Buttercreme: Inzwischen Puddingpulver mit Zucker, Eigelb und 5 EL kalter Milch verrühren. Restliche Milch zum Kochen bringen und Puddingpulver einrühren. Einmal aufkochen, dann unter gelegentlichem Rühren abkühlen lassen. Für die Creme weiche Butter mit Salz und Puderzucker schaumig rühren. Den Pudding löffelweise unter die Buttermasse schlagen. Die Marmelade mit dem Likör verrühren und erhitzen. Den Biskuitboden zweimal waagerecht durchschneiden. Den Biskuit und den Mürbeteig mit der Aprikosenmarmelade bepinseln und auskühlen lassen. Die unteren Hälften des Biskuits mit der Buttercreme bestreichen. Die oberen Böden daraufsetzen, die Torte kühl stellen.
5. Dekoration: Das Marzipan auf einer mit Puderzucker bestäubten Arbeitsfläche sehr dünn auswellen und Sterne in beliebiger Größe ausstechen. Die Kuvertüre im Wasserbad schmelzen. Die Torte mit der restlichen Marmelade bepinseln. Mit der Kuvertüre überziehen und leicht antrocknen lassen. Tortenoberfläche mit den Marzipansternen verzieren und die Kuvertüre vollkommen fest werden lassen. Zum Schluß hauchdünn mit Puderzucker bestäuben.

ZUTATEN

BUTTERCREME:

- 1/2 Päckchen Vanille-Puddingpulver
- 30 g Zucker
- 1 Eigelb
- 250 ml Milch
- 150 g Butter
- 30 g Puderzucker

DEKORATION:

- 200 g Aprikosenmarmelade
- 3–4 EL Aprikosenlikör
- 100 g Marzipan
- 30 g Puderzucker
- 300 g Zartbitter-Kuvertüre

FORM:

- 30 g gemahlene Mandeln
- Margarine zum Einfetten

Sacher
Sacher
Sacher
Sacher
Sacher
Sacher
Sacher
Sacher

Schokoladentorten

Sachertorte

Abbildung Seite 92/93

ZUTATEN

TEIG:
300 g Butter
300 g Mehl
8 Eigelbe
100 g Kuvertüre, aufgelöst
300 g Zucker
2 EL Kakaopulver
50 g Zwiebackbrösel
8 Eiweiße

FÜLLUNG UND BELAG:
150 g Aprikosenkonfitüre
200 g dunkle Kuvertüre
50 g Marzipanrohmasse
50 g Puderzucker
1 Tube Schoko-Zuckerschrift

1 Eine Springform ausbuttern und mit Mehl einstäuben.

2 Die Butter schaumig schlagen, Eigelb, Kuvertüre und 200 g Zucker zufügen und alles zu einer dicken hellen Creme rühren. Mehl, Kakaopulver und Zwiebackbrösel mischen und auf die Masse geben. Eiweiß zu steifem Schnee schlagen, dabei den restlichen Zucker zufügen. 1/3 davon unter die Masse rühren, um sie aufzulockern, dann den restlichen Eischnee vorsichtig unterheben. Den Teig in die vorbereitete Form füllen und glattstreichen, im vorgeheizten Backofen bei 180 °C ca. 70 Minuten backen. Den Kuchen mit einem spitzen Messer rundum vom Rand lösen, dann den Formrand abnehmen und den Kuchen auf einen Kuchenrost stürzen, auskühlen lassen.

3 Die Aprikosenkonfitüre mit einem Schneebesen glattrühren. Die Hälfte der Kuvertüre im Wasserbad schmelzen. Die Marzipanrohmasse mit dem Puderzucker verkneten. Zwischen Folie dünn ausrollen, dann mit dem Rand der Springform einen Kreis ausstechen. Den Kuchen oben glattschneiden, dann quer halbieren. Beide Böden mit Aprikosenkonfitüre bestreichen und wieder zusammensetzen. Den oberen Boden mit dem Marzipandeckel belegen.

4 Unter die aufgelöste Kuvertüre die restliche, in Stücke gehackte Kuvertüre rühren und darin auflösen. Sobald sich alles glatt miteinander verbunden hat, ist die richtige Temperatur erreicht. Die Hälfte davon auf die Oberfläche gießen, dabei sofort mit einem langen Messer gleichmäßig verteilen, dabei die Torte langsam um die eigene Achse drehen. Mit der restlichen Kuvertüre rundum den Rand überziehen. Bevor der Schokoladenguß endgültig fest wird, mit einem langen Messer, das über der Herdplatte oder in heißem Wasser erhitzt wurde (gut abtrocknen!), eine Tortenstückeinteilung einkerben, damit beim Aufschneiden die Schokoladenglasur nicht springt. Mit Schoko-Zuckerschrift verzieren.

Tiramisu-Torte

❶ Eier mit Zucker und Vanillinzucker mit dem Rührbesen des Handrührgerätes auf höchster Stufe schaumig schlagen, Salz dazugeben. Mehl, Speisestärke, Backpulver und Kakaopulver mischen, die Hälfte davon auf die Ei-Zucker-Creme sieben und kurz auf niedrigster Stufe unterrühren. Den Rest des Mehlgemisches ebenfalls unterrühren.
❷ Teig in eine Springform füllen (26 cm Ø), Boden gefettet, mit Backpapier ausgelegt. Im Backofen bei etwa 180 °C (vorgeheizt) etwa 20 Min. backen. Boden aus der Form lösen, auf einen Kuchenrost stürzen, das Backpapier abziehen, erkalten lassen.
❸ Zum Tränken Milch und den Zucker gemischt mit Kakao aufkochen und abkühlen lassen. Kaffee und Amaretto unterrühren. Mit der Hälfte der Flüssigkeit den Tortenboden tränken.
❹ Mascarpone, Quark, Zucker und Amaretto verrühren. Sahne und Sahnesteif steif schlagen und unterheben. Die Hälfte der Creme auf den getränkten Tortenboden streichen und mit Löffelbiskuits belegen. Löffelbiskuits mit der restlichen Flüssigkeit tränken und mit der restlichen Creme bestreichen.
Torte kühl stellen, vor dem Servieren dick mit Kakao bestäuben.

ZUTATEN

BISKUITTEIG:

- 2 Eier
- 75 g Zucker
- 1 Päckchen Vanillinzucker
- 1 Prise Salz
- 75 g Weizenmehl
- 25 g Speisestärke
- 1 gestr. TL Backpulver
- 1 gestr. EL Kakaopulver
- 100 ml Milch
- 1 EL Zucker
- 1 EL Kakaopulver
- 1/2 Tasse Espresso-Kaffee
- 2 EL Amaretto

CREME:

- 250 g Mascarpone
- 125 g Quark
- 50 g Zucker
- 1 EL Amaretto
- 250 ml Schlagsahne
- 1 Päckchen Sahnesteif
- 100 g Löffelbiskuits
- Kakaopulver zum Bestreuen

Trüffeltorte

❶ Zucker, Vanillezucker und Eigelb dickschaumig schlagen. Mehl und Backpulver vermischen und mit dem steif geschlagenen Eiweiß unterheben. Biskuitteig mit 1 EL Kakao vermischen.
❷ Boden der Form einbuttern, mit Mehl bestäuben, Teig einfüllen. Im vorgeheizten Ofen bei 175 °C ca. 20 Minuten backen. Abkühlen lassen und quer halbieren.
❸ 250 ml Sahne erhitzen, aber nicht kochen lassen. 200 Gramm Zartbitter-Schokolade darin auflösen. Zwei Stunden kalt stellen. Dann ca. 10 Minuten schaumig schlagen. Die Torte damit füllen und rundherum bestreichen. Mit Schokoraspeln bestreuen und mit Beeren belegen.

ZUTATEN

FÜR EINE FORM MIT 16 CM Ø

TEIG:
- 60 g Zucker
- 2 EL Vanillezucker
- 2 Eigelb
- 60 g Mehl
- 1/2 TL Backpulver
- 2 Eiweiß
- 1 EL Kakaopulver

AUSSERDEM:
- Butter, Mehl

FÜLLUNG:
- 250 ml Sahne
- 200 g Zartbitter-Schokolade
- Beeren nach Belieben

Französische Schokoladentorte

❶ Alle Zutaten für den Teig, bis auf Rum-back und Schoko-Tröpfchen, zu einem glatten Rührteig verarbeiten. Danach Rum-back und Schoko-Tröpfchen unterheben. Den Teig in eine gefettete Springform (Ø 18–20 cm) füllen und auf der unteren Schiebeleiste im vorgeheizten Backofen bei 200 °C (Gas Stufe 3) ca. 45 Min. backen.

❷ Kuchenglasur nach Packungsanleitung auflösen und den ausgekühlten Kuchen damit überziehen. Nach Belieben mit halbierten roten Belegkirschen verzieren.

ZUTATEN

- 100 g Butter
- 1 Btl. Schwartau Orange-back
- 125 g Zucker
- 2 Eier
- 1 Pr. Salz
- 125 g Mehl
- 65 g Speisestärke
- 1 EL Kakao
- 3 TL Backpulver
- 1–2 EL Milch
- 1 Btl. Schwartau Rum-back
- 1 Pck. Schwartau Schoko-Tröpfchen

Dekoration:

- 1 Btl. Schwartau Dunkle Kuchenglasur
- 1 Pck. Schwartau Echte Belegkirschen, rot

Philadelphia-Torte Cappuccino

1. Löffelbiskuit in einen großen Gefrierbeutel füllen, verschließen und den Inhalt mit einem Nudelholz vollständig zerbröseln. Milka Schokolade raspeln.
2. Butter schmelzen, mit den Bröseln und der Hälfte der Schokoraspeln vermischen und in eine mit Backpapier ausgelegte Springform drücken.
3. Philadelphia, Joghurt und Cappuccino mit einem Rührgerät vermischen.
4. Tortenguß, Zucker und Wasser aufkochen und unter die Creme rühren. Dann die Creme in die Springform füllen und ca. 3 Stunden in den Kühlschrank stellen. Die Torte vor dem Servieren mit den übrigen Schokoladenraspeln und den Milka-Herzen garnieren.

ZUTATEN

- 150 g Löffelbiskuit
- 1 Tafel Milka Alpenmilch
- 125 g Butter
- 600 g Philadelphia Doppelrahm
- 300 g Joghurt
- 2 Beutel Jacobs Cappuccino
- 1 Päckchen Tortenguß, klar
- 75 g Zucker
- 150 ml Wasser
- 16 Milka-Herzen

Dobos-Torte

❶ Zucker mit Eigelb cremig rühren, bis die Masse fast weiß ist. Dann das Mehl mit Salz untermischen. Zum Schluß die Eiweiße zu steifem Schnee schlagen, unter den Teig ziehen.
❷ Einen Springformboden (Ø 26 cm) mit Backpapier belegen, den Teig etwa 1 mm dick darauf streichen. Im vorgeheizten Backofen bei 180 °C in etwa 10 Minuten hellgelb backen. Auf einem Kuchengitter ausdampfen lassen. Inzwischen die weiteren Tortenböden – etwa 7–8 Stück – in gleicher Weise backen und auskühlen lassen.
❸ Für die Füllung Zucker mit den Eigelben im heißen Wasserbad mit einem Schneebesen cremig schlagen. Schokolade mit der Milch im heißen Wasserbad erwärmen. Dann Vanillinzucker und flüssige Schokolade unterrühren. Im kalten Wasserbad unter Rühren etwas abkühlen lassen. Dann nach und nach die streichfähige Butter zugeben und unterziehen. Nun die einzelnen Kuchenböden bis auf den obersten mit Schokoladencreme bestreichen, aufeinandersetzen.
❹ Für die Glasur des obersten Bodens 50 g Zucker mit dem Zitronensaft in einer kleinen Pfanne langsam erwärmen, bis der Zucker geschmolzen ist. Dann weitere 50 g zugeben, wieder schlagen und den restlichen Zucker beifügen. Immer weiter rühren, bis die Masse sich goldgelb färbt. Dann den Karamel in die Mitte des Tortenbodens gießen und sofort mit einem heißen Messer die Glasur verteilen.
❺ Mit einem heißen Messer die Platte in 16 Stücke teilen, dann zuammengesetzt auf die Torte drücken. Vor dem Servieren die Torte einen Tag durchziehen lassen.

ZUTATEN

TORTE:
- 180 g Zucker
- 7 Eier
- 110 g Mehl
- 1 Prise Salz

FÜLLUNG:
- 210 g Zucker
- 6 Eigelb
- 1 Packung Vanillinzucker
- 2 Riegel Vollmilchschokolade
- 2 Riegel Zartbitterschokolade
- 3 EL Milch
- 210 g Butter

GLASUR:
- 150 g Zucker
- 1 TL Zitronensaft
- Backpapier

Schokoladentorte

ZUTATEN

4 Eier
3 Eigelb
125 g Puderzucker
125 g Mehl
25 g Kakao

FÜLLUNG:
250 g Himbeeren
100 g Zucker

SCHOKOLADENTRÜFFEL:
375 g Überzugschokolade
750 ml Schlagsahne

AUSSERDEM:
50 g grobgeriebene Schokolade/Schokoladenspäne
Puderzucker

❶ Eier, Eigelb und Puderzucker schaumig schlagen. Das Mehl sieben und vorsichtig unter die Eimasse heben. Drei große EL vom Teig auf einem Stück Backpapier in einer runden Tortenform ausstreichen und bei 240 °C ca. 15 Min. goldgelb backen. Zum restlichen Teig den Kakao geben und daraus drei Tortenböden wie zuvor backen. Die Tortenböden gleich nach dem Backen aus der Form nehmen.

❷ Für die Schokoladentrüffel die Schokolade in Stücke hacken und über einem Wasserbad zerlassen, dann die geschlagene Sahne unterheben.

❸ Die Himbeeren und den Zucker mit dem Mixer pürieren. Die Böden in eine Springform schichten. Mit einem Schokoladenboden beginnen. Darauf etwas Himbeerpüree streichen. Darüber eine 2 cm hohe Schicht Schokoladentrüffel verteilen. Mit einem hellen Boden abdecken. Himbeerfüllung und Trüffelschicht wiederholen. Dabei die Trüffelmasse leicht gewölbt auf den Boden streichen (etwa 5 cm hoch), den letzten Boden darauflegen und andrücken, so daß die Torte schön gewölbt ist.

❹ Vor dem Anrichten die ganze Torte mit Schokoladentrüffel bestreichen und mit Schokoladenspänen bedecken. Auf die Tortenoberfläche etwas Puderzucker sieben.

Mousse-au-chocolat-Torte

❶ Eigelb mit Zucker schaumig rühren. Nüsse, Kakao und den steif geschlagenen Eischnee unterziehen. In einer mit Backpapier ausgelegten Springform (Ø 26 cm) bei 180 °C etwa 50 Minuten backen, abkühlen lassen.
❷ Sahne aufkochen, die Kuvertüre darin schmelzen und anschließend im Kühlschrank ganz kalt werden lassen. Die Masse cremig rühren und dann mit Sahnesteif sehr steif schlagen.
❸ Tortenboden mit Rum beträufeln, mit der Aprikosen-Konfitüre bestreichen, Schokoladensahne darauf verteilen, mit Raspelschokolade, Dekor Schoko-Borke dekorieren. Etwa 2 Stunden kalt stellen.

ZUTATEN

TEIG:

- 6 Eier
- 125 g Zucker
- 100 g Schwartau Haselnüsse gemahlen
- 10 g Kakao

FÜLLUNG:

- 3 Becher süße Sahne à 200 g
- 150 g Schwartau Halbbitter-Kuvertüre
- 3 Btl. Sahnesteif
- 2 Btl. Schwartau Rum-back
- 100 g Schwartau Aprikosen-Konfitüre EXTRA

DEKORATION:

- Schwartau Raspelschokolade Vollmilch
- Schwartau Dekor Schoko-Borke

Schokokuß-Kuppel

ZUTATEN

TEIG:
- 4 Eier
- 125 g Zucker
- 50 g Butter
- 75 g Mehl
- 50 g Speisestärke
- Fett für die Form

FÜLLUNG:
- 400 g Vollmilch-Schokolade
- 400 g Schlagsahne
- 2 Blatt weiße Gelatine

DEKORATION:
- Mini-Schokoküsse
  ca. 28 Zartbitter-Schokolade
  ca. 18 Vollmilch-Schokolade
  ca. 14 weiße Schokolade
- 100 ml Schlagsahne
- 1/2 Päckchen Sahnesteif
- etwas Zucker

1. Die Eier trennen. Eigelb und 4 EL Wasser in einer Rührschüssel zu cremigem Schaum schlagen. Nach und nach den Zucker zugeben, bis eine dickliche Masse entsteht. Butter erhitzen, abkühlen lassen, unter ständigem Schlagen unter die Eigelbmasse rühren.
2. Eiweiße zu Schnee schlagen, auf die Eigelbmasse geben. Mehl und Speisestärke mischen, auf den Eischnee sieben und alles mit dem Schneebesen locker unter die Eigelbmasse ziehen.
3. Eine Springform (26 cm Ø) ausfetten, Teig einfüllen und glattstreichen. Im vorgeheizten Backofen bei 175 °C 30–35 Min. backen. Herausnehmen, auskühlen lassen. Mit einem Messer am Rand lösen, Form öffnen und auf ein Kuchengitter stürzen. Biskuit mit einem Faden waagerecht in drei Platten teilen.
4. Für die Füllung Schokolade zerkleinern, im Wasserbad schmelzen, abkühlen lassen. Sahne steif schlagen, Gelatine einweichen, bei kleiner Hitze auflösen und unter die Schokolade ziehen, Sahne unterziehen. Die untere Teigplatte mit Schokocreme bestreichen.
5. Die Waffelvorrichtung von den Mini-Schokoküssen abschneiden. Zartbitter-Schokoküsse auf dem äußeren Rand der Teigplatte rundum aufstellen.
   Die zweite Teigplatte schmaler schneiden, auf die untere Teigplatte zwischen die Schokoküsse setzen und mit Creme bestreichen. Den Rand dieser Platte mit den Vollmilch-Schokoküssen besetzen. Aus der dritten Teigplatte eine passende Scheibe zuschneiden (Rest für 4. Platte aufheben), zwischen die Schokoküsse aufsetzen, mit Creme bestreichen, weiße Schoko-Küsse daraufsetzen.
6. Aus dem restlichen Biskuit eine vierte Platte und einen weiteren Sockel schneiden und aufeinander zwischen die weißen Schoko-Küsse setzen, mit Creme bestreichen. Mit einer Runde Zartbitter und als Abschluß einem weißen Schokokuß besetzen.
7. Schlagsahne mit Sahnesteif und etwas Zucker steif schlagen, mit Hilfe des Spritzbeutels (Sterntülle) den äußeren Rand der Torte verzieren. Zum Aufschneiden Messer in sehr heißes Wasser tauchen, abtrocknen, je Stück wiederholen.

Schokoladen-Schindel-Torte

❶ Weiche Butter mit dem Zucker verrühren. Die Eier unterheben, schaumig rühren. Milch, Schokolade und Kakao erwärmen, schmelzen, abkühlen lassen und dann in den Teig rühren. Mehl und Backpulver unterheben und durchrühren. Den Teig in eine gefettete Springform mit 22 cm Ø geben und im vorgeheizten Backofen bei 200 °C ca. 40 Min. backen. Etwas abkühlen lassen und dann aus der Form nehmen.

❷ Für die Füllung Butter und Zucker gut verrühren. Die Schokolade über einem Wasserbad bei schwacher Hitze schmelzen. Abkühlen lassen und in die Butterzuckermasse rühren, Vanille, Ei und Rum gleichzeitig unterrühren.

❸ Den Kuchen in 2 Böden teilen. Die Füllung zwischen die Böden und obenauf streichen. Mit den Schokoladentäfelchen die Torte rundum und obenauf schindelartig garnieren. Mit Cremetupfen und Belegkirschen verzieren.

ZUTATEN

TEIG:
- 100 g Butter
- 150 g Zucker
- 3 Eier
- 150 ml Milch
- 50 g Schokolade
- 5 EL Kakao
- 225 g Mehl
- 1 gestr. TL Backpulver

FÜLLUNG:
- 100 g Butter
- 100 g Schokolade
- 50 g Zucker
- 1 TL Vanillezucker
- 1 Ei
- 3 EL Rum

GARNITUR:
Schokoladentäfelchen, Belegkirschen

Torte mit der Maus

ZUTATEN

TEIG:
100 g Vollmilch-Schokolade
1 Dose (425 ml) Aprikosen
300 g Butter
275 g Zucker
abgeriebene Schale von 1/2 unbehandelten Zitrone
5 Eier
200 g Mehl
100 g Speisestärke

DEKORATION:
150 g Vollmilch-Kuvertüre
1 Tube braune Zuckerschrift
50 g dunkle Kuvertüre

❶ Schokolade grob hacken. Aprikosen abtropfen lassen und würfeln. Butter, Zucker und Zitronenschale cremig rühren. Eier nach und nach einrühren. Mehl und Speisestärke mischen, sieben und unterrühren. Aprikosen- und Schokoladenstücke unterheben.

❷ Eine gut gefettete Springform (26 cm Ø) mit dem Teig füllen. Im vorgeheizten Backofen bei 175 °C ca. 45 Min. backen. Kuchen aus der Form lösen und auf einem Kuchengitter auskühlen lassen.

❸ Vollmilch-Kuvertüre zerkleinern, im heißen Wasserbad schmelzen. Die Konturen der Maus mit Zuckerschrift aufmalen. Mit Vollmilch-Kuvertüre ausfüllen. Konturen für Ohren mit Zuckerschrift aufmalen, mit dunkler Kuvertüre ausfüllen. Fest werden lassen. Zum Schluß Augen, Nase, Barthaare und Mund mit Zuckerschrift aufmalen.

Krokant-, Nuß- und Mandeltorten

Nuß-Nougat-Torte

Abbildung Seite 112/113

ZUTATEN

TEIG:
4 Eier
120 g Zucker
1 Päckchen Vanillinzucker
1 Prise Salz
80 g Mehl
40 g Speisestärke

FÜLLUNG UND BELAG:
1 Paket Nougatmasse (200 g)
750 ml Schlagsahne
1 EL Kakao
1 EL Weinbrand
100 g Haselnüsse
1 Paket Sahnesteif

1 Eier trennen, Eiweiß und 40 g Zucker steif schlagen, kalt stellen. Eigelb mit dem restlichen Zucker, Vanillinzucker und Salz und 4 EL lauwarmem Wasser in eine Schüssel geben und zu einer cremigen hellen Masse aufschlagen, bis sich der Zucker gelöst hat. Erst den Eischnee auf die Eigelbmasse geben, dann das Mehl mit der Speisestärke darübersieben und alle Zutaten vorsichtig mit einem Schneebesen vermengen.

2 Springform (26 cm Ø) am Boden mit Backpapier auslegen, Teig einfüllen, glattstreichen, im vorgeheizten Backofen bei 175 °C (Umluft, Gas: 2) ca. 20–30 Minuten backen. Den Biskuit in der Form abkühlen lassen, dann aus der Form lösen und auf einem Kuchengitter auskühlen lassen.

3 Die Nougatmasse in Stücke schneiden. 500 ml Sahne erhitzen und die Nougatstücke darin schmelzen. Kakao mit Weinbrand verrühren, zugeben und dann in einer flachen Schale auskühlen lassen. Die Haselnüsse auf einem Brett grob hacken, dann in einer Pfanne ohne Fett goldbraun rösten.

4 Den Biskuitboden zweimal waagerecht durchschneiden. Die ausgekühlte Nougatsahne nicht zu fest schlagen. Die Masse dritteln. Die Torte mit 2/3 der Masse füllen, mit restlicher Creme rundherum bestreichen. Die restliche Sahne mit Sahnesteif steif schlagen und in einen Spritzbeutel mit Sterntülle füllen. Rundherum dicke Tupfen spritzen und die Haselnüsse auf die freigebliebene Tortenfläche geben. Die Torte vor dem Servieren kalt stellen.

Mandel-Kirsch-Torte

1 Butter, 100 g Zucker, 1 Päckchen Vanillinzucker und Salz schaumig rühren. Eier trennen. Eigelb unter die Butter-Zucker-Masse rühren. Mehl und Backpulver mischen, sieben und unterrühren. 1–2 EL Wasser unterrühren. Eiweiß zu steifem Schnee schlagen, dabei 200 g Zucker einrieseln lassen.

2 Hälfte des Teiges in eine gefettete Springform (26 cm Ø) verteilen. Hälfte Eischnee daraufstreichen, mit 50 g Mandeln bestreuen. Im vorgeheizten Backofen (E-Herd: 200 °C/Umluft: 175 °C/Gas: Stufe 3) 30–35 Minuten backen. Aus der Form lösen und auskühlen.

3 Ebenso einen zweiten Boden backen. Kirschen abtropfen, Saft auffangen. Kirschen auf dem 1. Boden verteilen. Saft mit Wasser auf 250 ml auffüllen. Saft, Tortenguß und 25 g Zucker unter Rühren aufkochen und über die Kirschen geben, auskühlen lassen.

4 Sahne steif schlagen, 1 Päckchen Vanillinzucker und Sahnefestiger einrieseln lassen. 2. Boden aufsetzen. Tortenrand mit Sahne bestreichen, Torte mit Sahnetupfen und Kirschen dekorieren.

ZUTATEN

- 150 g Butter
- 325 g Zucker
- 2 Päckchen Vanillinzucker
- 1 Prise Salz
- 4 Eier
- 150 g Mehl
- 2 TL Backpulver
- 100 g gehackte Mandeln
- 1 Glas (720 ml) Sauerkirschen
- 1 Päckchen roter Tortenguß
- 500 g Schlagsahne
- 2 Päckchen Sahnefestiger
- 1 EL Puderzucker

Schichttorte

1 Butter mit Zucker schaumig rühren, nach und nach die Eier dazugeben und schaumig schlagen. Zum Schluß Mehl und Nüsse untermischen.

2 Backofen auf 200 °C vorheizen. Johannisbeerkonfitüre mit Wacholder verrühren, durch das Sieb passieren. Aprikosenkonfitüre mit Likör verrühren, ebenfalls durch das Sieb streichen.

3 Den Boden einer Springform buttern, etwa 1 EL Teig daraufgeben und mit einem Spatel verteilen, im Ofen 6–8 Minuten goldgelb backen. Herausnehmen, auf eine Tortenplatte gleiten lassen, 2 EL rote Konfitüre darauf verstreichen. Den zweiten Boden backen, auf die Konfitüre setzen, mit gelber Konfitüre bestreichen. Dann den dritten Boden backen, zusammensetzen und bestreichen und so fortfahren, bis der Teig verbraucht ist. Immer im Wechsel mit roter und gelber Marmelade füllen. Torte luftdicht in Folie verpacken. 1 Woche durchziehen lassen.

4 Für die Glasur Eiweiß mit Puderzucker und zunächst 1 TL Saft so lange rühren, bis die Masse glatt und glänzend ist, evtl. noch etwas Saft zugeben. Glasur zügig mit einem Spatel auf der Torte verteilen. Restliche Glasur in einen Spritzbeutel mit kleiner Tülle füllen. Torte damit verzieren.

ZUTATEN

TEIG:
- 375 g Butter
- 250 g Zucker
- 6 Eier
- 300 g Mehl
- 100 g gemahlene Haselnüsse
- Butter für die Form

FÜLLUNG:
- 200 g rote Johannisbeerkonfitüre
- 1 EL Wacholder
- 200 g Aprikosenkonfitüre
- 1 EL Orangenlikör

GLASUR:
- 1 Eiweiß
- 250 g Puderzucker
- 1–2 TL Zitronensaft

Himbeer-Mandel-Torte

ZUTATEN

TEIG:

- 5 Eier
- 180 g Zucker
- 1 P. Vanillinzucker
- 1 Prise Salz
- 100 g Mehl
- 100 g gemahlene Mandeln

FÜLLUNG:

- 500 g Himbeeren, frisch oder TK
- 6 Blatt weiße Gelatine
- Mark aus 2 Vanilleschoten
- 4 Eigelb
- 120 g Zucker
- 1 Prise Salz
- 500 ml Schlagsahne
- 1 P. Vanillinzucker
- 100 g Mandelblättchen

GARNITUR:

- Zitronenmelisseblättchen

1 Eier trennen. Eigelb, Zucker und Vanillinzucker zu einer dickschaumigen Masse aufschlagen. Eiweiß mit Salz zu sehr steifem Schnee schlagen. Eischnee auf die Eimasse setzen, gesiebtes Mehl und Mandeln daraufgeben, alles vorsichtig unterheben. Masse in eine mit Backpapier ausgelegte Springform (26 cm Ø) geben und im vorgeheizten Backofen (E-Herd: 175 °C, Gas: Stufe 2) ca. 35 Minuten backen. Auf ein Kuchengitter stürzen und mehrere Stunden ruhen lassen, dann zweimal quer durchschneiden.

2 Himbeeren vorbereiten bzw. auftauen lassen. 1/3 davon für die Garnierung beiseite legen. Den Rest pürieren und durch ein Sieb streichen. Gelatine in kaltem Wasser einweichen. Vanillemark mit Eigelb, Zucker und Salz zu einer dickcremigen Masse schlagen. Die Gelatine nach Packungsanweisung auflösen und mit dem Himbeerpüree zur Eimasse geben. Sahne mit Vanillinzucker steif schlagen und zur Himbeercreme geben, sobald diese zu gelieren beginnt.

3 Die beiden unteren Tortenböden mit je einer Hälfte der Mändelblättchen bestreuen, mit je 1/3 der Himbeersahne bestreichen und aufeinandersetzen. Oberen Tortenboden daraufsetzen. Die Torte rundherum mit der restlichen Sahne bestreichen, 1 Stunde kalt stellen. Kurz vor dem Servieren mit Himbeeren und Zitronenmelisse garnieren.

Nuß-Krokant-Torte

1 Butter geschmeidig rühren, nach und nach Zucker und Vanillinzucker unterrühren, bis eine gebundene Masse entstanden ist. Eier nach und nach unterrühren. Die Nüsse mit Backpulver mischen und portionsweise unterrühren. Den Teig in eine Springform (26 cm Ø), Boden gefettet, mit Backpapier belegt, füllen und glattstreichen. Die Form auf den Rost in den Backofen schieben und bei 180 °C (vorgeheizt) etwa 30 Minuten backen. Den Tortenboden aus der Form lösen, auf einen Kuchenrost stürzen und erkalten lassen.

2 Die Zartbitter-Schokolade zerkleinern, den Haselnußkrokrant dazugeben, Sahne mit Sahnesteif steif schlagen und unter die Schokoladen-Haselnuß-Krümelmasse heben. Einen Tortenring um den Tortenboden legen und die Masse auf dem Tortenboden verstreichen. Die Torte kühl stellen.

3 Zum Verzieren die Kuvertüre grob zerkleinern und in einem Topf im Wasserbad zu geschmeidiger Masse verrühren.

4 Die gehobelten Haselnußblättchen in einer Pfanne ohne Fett rösten. Die Torte aus dem Tortenring lösen, Haselnußblättchen an den Tortenrand drücken. Die Kuvertüre mit einem Löffel in feinen Fäden über die Torte ziehen.

5 Sahne mit Vanillinzucker steif schlagen, in einen Spritzbeutel mit Sterntülle geben. Die Torte mit Sahnetuffs verzieren und die Schokonuß-Konfektkugeln daraufsetzen. Torte gut gekühlt servieren.

ZUTATEN

TEIG:

- 150 g weiche Butter
- 150 g Zucker
- 1 Päckchen Vanillinzucker
- 4 Eier
- 200 g gemahlene Haselnußkerne
- 1 TL Backpulver

BELAG:

- 100 g Zartbitter-Schokolade
- 150 g Haselnußkrokant
- 500 ml Schlagsahne
- 1 Sahnesteif

DEKORATION:

- 40 g Vollmilchkuvertüre
- 30 g gehobelte Haselnußkerne (Blättchen)
- 200 ml Schlagsahne
- 1 Päckchen Vanillinzucker
- 16 Schoko-Nuß-Konfektkugeln

Haselnußtorte mit Mangocreme

ZUTATEN

- 200 g Butter
- 200 g brauner Zucker
- 1 Pck. Vanillezucker
- 1 Btl. Schwartau Rum-back
- 4 Eier
- 150 g Mehl
- 3 TL Backpulver
- 100 g Schwartau Haselnüsse gemahlen
- 100 g Crème fraîche

MANGOCREME:

- 7 Blatt weiße Gelatine
- 2 Mangos (ca. 750 g)
- 1 Limette
- 1 Orange
- 40 g Zucker
- 1 Btl. Schwartau Orange-back
- 400 ml Schlagsahne

DEKORATION:

- 1 kleine Karambole
- 50 g Physalis (Kap-Stachelbeeren)
- 1 Pck. Schwartau Schoko-Blättchen
- 1 Pck. Schwartau Dekor-Blätter Zartbitter

1. Butter, Zucker, Vanillezucker und Rum-back verrühren. Eier nacheinander zufügen. Weiterrühren, bis der Zucker gelöst ist. Mehl, Backpulver und gemahlene Haselnüsse mischen. Kurz unterrühren. Crème fraîche unterrühren.
Eine Springform (Ø 26 cm) mit Backpapier auslegen. Aus dem Teig nacheinander 4 Böden im vorgeheizten Ofen bei 200 °C (Gas Stufe 3) ca. 20 Min. je Boden backen. Auf einem Küchengitter abkühlen lassen.

2. Für die Mangocreme Gelatine in kaltem Wasser einweichen. Mangos schälen und den Kern entfernen. Fruchtfleisch mit Limetten- und Orangensaft pürieren. Zucker und Citro-back zufügen. Gelatine nach Packungsanleitung schmelzen und zum Mangopüree geben. Sahne steif schlagen und unter die gelierende Creme heben.

3. Die einzelnen Tortenböden mit Creme bestreichen und übereinandersetzen. Torte mit Früchten, Schoko-Blättchen und Schoko-Dekor-Blättern verzieren.

Palmentorte

❶ Butter in einem Topf flüssig werden lassen und mit Zucker cremig rühren. Eier nach und nach hinzufügen. Mehl, Backpulver und die gemahlenen Mandeln miteinander vermischen und eßlöffelweise unter den Teig geben. Boden einer Springform (Ø 26 cm) mit Backpapier auslegen, Teig einfüllen und auf Einschubhöhe 2, Oberhitze, bei 200 °C (Gas Stufe 2–3) ca. 40 Min. backen. Nach dem Backen Torte vorsichtig aus der Form lösen und auf einem Kuchengitter abkühlen lassen.

❷ Orangensaft, Orange- und Citro-back miteinander verrühren. Mit einem Stäbchen Löcher in die Torte stechen und etwas Saft hineinträufeln. Torte mit erwärmter, durch ein Sieb gestrichener Aprikosen-Konfitüre überziehen und mit Kokosraspeln bestreuen.

❸ Feine Marzipan-Rohmasse und Puderzucker miteinander verkneten, Menge halbieren. Die Hälfte wieder halbieren. Die größere Marzipanmenge mit Back & Speisefarben für den Palmwedel grün einfärben, ein Viertel Marzipan braun für den Stamm einfärben, ein Viertel natur lassen. Marzipan ausrollen und mit Hilfe der Schablone die Palme ausschneiden. Alles auf der Torte anrichten und mit Dekor-Schnee bestäuben.

ZUTATEN

- 250 g Butter
- 200 g Zucker
- 4 Eier
- 200 g Weizenmehl
- 2 TL Backpulver
- 100 g Schwartau Süße Mandeln gemahlen

FÜLLUNG:

- Saft einer Orange
- 1/2 Btl. Schwartau Orange-back
- 1/2 Btl. Schwartau Citro-back

DEKORATION:

- 200 g Schwartau Aprikosen-Konfitüre EXTRA
- 150 g Kokosraspeln
- 200 g Schwartau Feine Marzipan-Rohmasse
- 100 g Puderzucker
- 1 Pck. Schwartau 4 Back & Speisefarben
- 1 Ds. Schwartau Dekor-Schnee

Möhren-Nuß-Torte

1. Für den Teig 150 ml lauwarmes Wasser, Keimöl, Zucker, Salz und Mehl in eine Schüssel geben. Die feingebröckelte Hefe gleichmäßig darüber verteilen. Alle Zutaten auf der niedrigsten Schaltstufe und dann auf der höchsten Stufe so lange verkneten, bis sich der Teig vom Schüsselrand löst. Den Hefeteig gehen lassen.
2. Möhren waschen, putzen und fein raffeln. Das Eiweiß steif schlagen.
3. Für den Belag Eigelb mit Zucker, Orangenschale und Speisestärke verrühren. Möhren, Haselnüsse und Eiweiß daruntermischen.
4. Teig in eine gefettete Springform (24 cm Ø) geben. Der Rand sollte etwa 4 cm hoch sein. Belag auf den Teigboden geben und die Torte im vorgeheizten Backofen bei 175–200 °C (Gas: Stufe 2–3) 35–45 Minuten backen.
5. Den Tortenrand mit erwärmter Aprikosenkonfitüre bestreichen und mit gerösteten Haselnüssen bestreuen.

ZUTATEN

TEIG:

2 EL MAZOLA Keimöl
1 EL Zucker
1 Prise Salz
250 g Weizenvollkornmehl (Type 1700)
15 g Hefe

BELAG:

3 Eigelb
75 g Zucker
abgeriebene Schale von 1 unbehandelten Orange
1 gestrichener EL MONDAMIN Feine Speisestärke
250 g Möhren
100 g gemahlene Haselnüsse
3 Eiweiß
1–2 EL Aprikosenkonfitüre
4 EL gehobelte Haselnüsse

Nuß-Sahne-Geburtstags-Torte

ZUTATEN

- 4 Eier
- 100 g Zucker
- 1 Prise Salz
- 1 Päckchen Vanillinzucker
- 100 g Mehl
- 50 g Speisestärke
- 1 gestr. TL Backpulver
- 100 g Haselnuß-Krokant
- 200 g Aprikosen-Konfitüre
- 750 g Schlagsahne
- 2 Päckchen Sahnefestiger
- 100 g gemahlene Haselnüsse
- 350 g Marzipan-Rohmasse
- 75 g Puderzucker
- Minz
- 12 Glücksschweinchen aus Marzipan

1. Eier, Zucker, Salz und Vanillinzucker cremig aufschlagen. Mehl, Stärke und Backpulver daraufsieben, unterheben. 50 g Krokant unterheben. Teig in eine nur am Boden gefettete Springform (26 cm Ø) füllen, im vorgeheizten Backofen (E-Herd: 200 °C, Umluft. 175 °C, Gas: Stufe 3) ca. 20 Minuten backen, auskühlen lassen.
2. Boden 2 x teilen. 1. und 2. Boden mit je 75 g Konfitüre bestreichen. Sahne und Sahnefestiger steif schlagen. Nüsse unter die Sahne heben. 1/3 davon auf 1. Boden streichen. 2. Boden daraufsetzen, mit 1/3 Nußsahne bestreichen. 3. Boden daraufsetzen. Torte mit Rest Nußsahne einstreichen.
3. Marzipan und Puderzucker verkneten, dann rund (34 cm Ø) zwischen Folie dünn ausrollen, Torte damit umhüllen. Rand mit der restlichen Konfitüre bestreichen, Rest Krokant andrücken. Torte mit Minze und den Marzipan-Schweinchen verzieren.

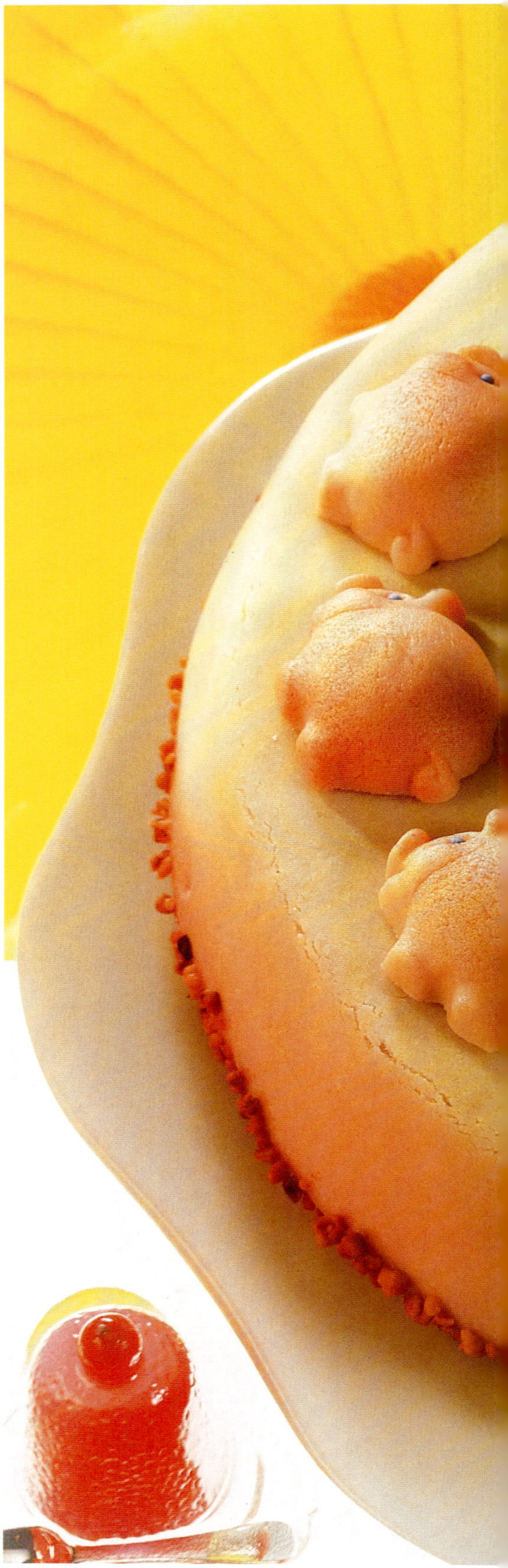

Nuß-Torte mit Kokos

1. Nüsse rösten. Eier trennen. Butter und 250 g Zucker schaumig rühren. Eigelb unterrühren. Nüsse, Mehl und Backpulver mischen, unterrühren. Eiweiß und 50 g Zucker steif schlagen und unter den Teig ziehen.
2. Eine Springform am Boden fetten (28 cm Ø), ebenso eine Springform fetten (18 cm Ø), jeweils die Hälfte Teig einfüllen. Im vorgeheizten Backofen (E-Herd 200 °C/Umluft: 175 °C/Gas Stufe 3) ca. 25 Minuten backen. Abkühlen lassen, aus den Formen nehmen.
3. Konfitüre mit Saft glattrühren. Böden damit bestreichen. Puderzucker mit 6–7 EL Wasser verrühren. Großen Boden mit 2 EL Guß bestreichen, 2. Boden daraufsetzen. Torte mit restlichem Guß überziehen. Alles mit Kokos bestreuen und trocknen lassen.
4. Sahne steif schlagen und in einen Spritzbeutel füllen. Torte mit Kokoskonfekt, Schoko-Dekor-Herzen und mit Sahnetupfen verzieren.

ZUTATEN

- 250 g gemahlene Haselnüsse
- 6 Eier
- 450 g Butter
- 300 g Zucker
- 450 g Mehl
- 2 TL Backpulver
- 4 EL Aprikosen-Konfitüre
- 5 EL Fruchtsaft
- 300 g Puderzucker
- 100 g Kokosraspel
- 200 g Schlagsahne
- Kokoskonfekt und Schoko-Dekor-Herzen zum Verzieren

Ostertorte aus der Schweiz

ZUTATEN

MÜRBETEIGBODEN:

- 100 g Aurora Urkraft des Keimes
- 1 Msp. Backpulver
- 30 g Zucker
- 1 Pr. Salz
- 75 g Butter

HASELNUSS-BISKUIT:

- 300 g Möhren
- 4 Eiweiße
- 3 EL Wasser
- 1 Pr. Salz
- 100 g Zucker
- 4 Eigelbe
- 50 g Zucker
- 250 g gemahlene Haselnüsse
- 100 g Aurora Urkraft des Keimes
- 2 TL Backpulver

FÜLLUNG UND DEKORATION:

- 4 EL Orangenmarmelade
- 500 ml süße Sahne
- 2 Pck. Sahnesteif
- 30 g feingehackte Pistazien
- Marzipan-Osterhasen nach Belieben

1 Mürbeteig: Mehl, Backpulver, Zucker, Salz und in Flöckchen geschnittene Butter in eine Rührschüssel geben. Mit dem Knethaken des Handrührgerätes zu einem glatten Teig verarbeiten. In Aluminiumfolie gewickelt 10 Minuten im Kühlschrank ruhen lassen.

2 Den Teig ausrollen und in eine mit Backtrennpapier ausgelegte Springform, 26 cm Ø, legen. Im auf 175 °C vorgeheizten Backofen ca. 10 Minuten goldgelb backen.

3 Haselnuß-Biskuit: Die Möhren feinraspeln, trockendrücken, den Saft abgießen. Eiweiß, Wasser, Salz zu steifem Schnee schlagen, den Zucker nach und nach einrieseln lassen. Eigelb und restlichen Zucker schaumig schlagen und vorsichtig mit den Haselnüssen, Mehl, Backpulver und den Möhren mit einem Rührlöffel unter den Eischnee heben.

4 Eine Springform, 26 cm Ø, mit Backtrennpapier auslegen und den Rand mit Butter einfetten. Den Haselnuß-Biskuit einfüllen und im vorgeheizten Backofen auf der mittleren Schiene bei 175 °C ca. 35 Minuten backen.

5 Nachdem die Böden ausgekühlt sind, den Mürbeteig-Boden mit 2 EL Orangenmarmelade bestreichen. Sahne mit Sahnesteif steif schlagen.

6 Den Haselnuß-Biskuit halbieren, eine Hälfte auf den Mürbeteigboden setzen und mit Orangenmarmelade und 200 ml geschlagener Sahne bestreichen. Die zweite Hälfte daraufsetzen und die ganze Torte mit der restlichen Sahne dekorieren. Zum Schluß mit den gehackten Pistazien und den Marzipan-Osterhasen verzieren.

Törtchen und Petit fours

Petit fours, die Minitörtchen klein und fein

Desserts haben es manchmal schwer. Sie werden bei großen Essen nach dem Hauptgang serviert und oft geht ihnen noch der Käse voran. Trotzdem soll das Dessert noch Appetit wecken, die Sinne verführen und sie schließlich bezaubern. Am sichersten gelingt dies mit den berühmten Petit fours, den kleinen Leckereien, denen kein Mensch mit gutem Geschmack widerstehen kann. Praktisch umfaßt der Begriff »Petit fours« alle Arten von süßem Gebäck, Hauptsache: klein und fein. Das können Minitörtchen sein, garniert mit Früchten oder Obst, zarte Gebilde aus Blätterteig, Marzipan oder Schokolade. Ihren Namen bekamen diese süßen Charmeure aus der Praxis. »Petit fours« heißt in direkter Übersetzung nämlich »kleine Öfen«, was sogleich einen Sinn ergibt, weil bis ins 17. Jahrhundert hinein jegliches Gebäck, von den Torten über die Kuchen und die Pasteten bis zum Brot in den voluminösen Öfen der Bäcker hergestellt wurde. Diese Öfen waren sehr heiß, schwer regulierbar und denkbar unhandlich für die süße Kleinkunst, die sich prompt besser entwickelte, als man sie in eigens produzierten kleinen Öfen buk: den »Petit fours«. Damals zählte man übrigens auch kleine Pastetchen, gefüllt mit Fisch oder Fleisch, sowie Käsegebäck und salzige Küchlein zur Familie der Petit fours. Die kleinen Backöfen erlebten einen Boom, binnen kurzem standen die Leckereien in jedem besseren Haus. Die Pâtissiers wetteiferten um die schönsten Kreationen.
Heute denkt der praktizierende Gourmet beim Stichwort Petit fours automatisch an Schokoladiges. Und tatsächlich: Naschereien aus Schokolade gelten als besonders prickelnd und anregend. Forscher der Univer-

Bunte Törtchen

Abbildung Seite 132/133

ZUTATEN

FÜR 17 STÜCK (34 PAPIER-BACKFÖRMCHEN)

- 200 g Butter
- 125 g Zucker
- 1 Prise Salz
- 1 Päckchen Vanillinzucker
- 3 Eier
- 350 g Mehl
- 1 Päckchen Backpulver
- 6 EL Milch
- 1 Päckchen (75 g) Schoko-Tröpfchen
- 100 g dunkle Kuchenglasur
- 150 g Puderzucker
- nach Belieben Süßigkeiten (z. B. Liebesperlen, Zuckerblümchen, Schoko-Linsen, Schoko-Dekor-Herzen, Dekor-Rosen, Zucker-Puppen, Gummibärchen, gehackte Pistazien)

1. Weiche Butter, Zucker, Salz und Vanillinzucker schaumig schlagen, Eier einzeln unterrühren. Mehl und Backpulver mischen, daraufsieben und mit der Milch unterrühren, Schoko-Tröpfchen unterheben.
2. Jeweils 2 Papierförmchen ineinandersetzen. Etwa zur Hälfte mit Teig füllen. Törtchen auf einem Backblech im vorgeheizten Backofen (E-Herd: 175 °C/Umluft: 150 °C/Gas: Stufe 2) ca. 25 Min. backen, auskühlen lassen.
3. Kuchenglasur schmelzen, Puderzucker und 3 EL Wasser zum glatten Guß verrühren. Törtchen nach Belieben mit Zuckerguß oder Kuchenglasur überziehen. Mit verschiedenen Süßigkeiten und gehackten Pistazien bunt verzieren.

sität Würzburg haben herausgefunden, daß Schokolade den sogenannten Hirnbotenstoff Phenyläthylamin (PEA) enthält, der gute Laune und euphorische Gefühle auslöst. Versuchspersonen mit erhöhten PEA-Werten seien durch »freudvoll erregte Charakterzüge« aufgefallen.

Was trinkt man zu Schokolade? Keinen Wein, predigen gastronomische Oberlehrer seit ewigen Zeiten, und in so manchem Lehrbuch übers Essen und Trinken steht drohend der Satz: »Schokolade und Wein – unmöglich!« Das sollte man ignorieren, denn auch zu Schokoladigem finden sich passende Weine.

Ein likörigener Wein ist eigentlich keines großen Aufhebens wert, aber zur Schokolade schmeckt er einfach köstlich. Auch alter Sherry oder hochwertige Portweine passen zu Pralinen wie zu Schokolade pur.

Petit fours mit Nüssen

1. Eigelb und Zucker schlagen. Speisestärke unterrühren. Die Sahne aufkochen und in die Eiercreme schlagen. In den Topf zurückgießen und unter Schlagen bis zum Kochpunkt wärmen. (Die Creme darf nicht kochen!) Den Topf vom Herd nehmen und den Vanillezucker unterrühren. Die Creme erkalten lassen. Butter cremig schlagen, die kalte Creme darunterschlagen.

2. Tortenböden rund oder viereckig in kleine Stücke ausstechen. Jeweils 1 Stück mit Creme und Marmelade bestreichen und vorsichtig zusammenlegen. Mit ausgerolltem Marzipan garnieren oder Marzipanstreifen um die Küchlein legen. Mit weißer und dunkler geschmolzener Schokolade nach Phantasie und Geschmack garnieren. Mit Walnuß- und Haselnußkernen die Petits fours belegen.

ZUTATEN

3 Biskuitböden, selbstgebacken oder fertig gekauft

CREME:

- 250 g Butter
- 2 Eigelb
- 2 EL Zucker
- 1 EL Speisestärke
- 250 ml Sahne 13 %
- 1–2 TL Vanillezucker

AUSSERDEM:

- Himbeer- oder Erdbeermarmelade
- Konfekt- und Garniermarzipan
- weiße und dunkle Schokolade
- Walnuß- und Haselnußkerne

Petit fours mit Hasel- und Walnußkronen

ZUTATEN

NUSSMASSE:
- 130 g Butter
- 45 g Zucker
- 25 g Mehl, Type 550
- Mark 1/2 Stange Vanille
- 1 g Salz
- 2 Eier
- 85 g Zucker
- 35 g Nußgrieß
- 75 g Mehl, Type 550
- 2 g Backpulver

BODEN:
- 200 g Marzipanrohmasse
- 100 g Puderzucker
- 50 g Edelbitterkuvertüre
- 2 x 30 g Aprikosenkonfitüre

HASELNUSSKRONE:
- 40 g Nußpan
- 90 g Johannisbeerkonfitüre
- 20 g Haferflocken
- 40 g Haselnüsse, geröstet, grob gehackt

WALNUSSKRONE:
- 135 g Marzipanrohmasse
- 20 g Walnüsse, feingehackt
- 30 ml Birnengeist

GARNIERUNG:
- 40 St. Walnußhälften

ÜBERZUG:
- 1000 g Fondant
- 100 g Butter
- 150 ml Wasser
- 20 ml Rum

1 Nußmasse und Boden: Butter, Zucker, Mehl, Vanillemark und Salz zusammen kurz schaumig schlagen. Eier und Zucker gesondert schaumig schlagen. Die Masse unter die Buttermasse ziehen. Mehl und Backpulver vermischen, sieben und zusammen mit dem Nußgrieß unter die Masse heben. Einen Rahmen, 11 x 26 cm, auf Backpapier stellen, die Masse einfüllen und vorsichtig mit einer Palette gleichmäßig darin verteilen. Im vorgeheizten Ofen bei 160 °C 25 bis 30 Minuten backen. Nach dem Backen auskühlen lassen, dann dünn mit gekochter Aprikosenkonfitüre einstreichen. Marzipanrohmasse mit Puderzucker anwirken, auf ca. 1 mm Stärke ausrollen, auf die aprikotierte Nußkapsel legen und leicht andrücken. Die aufgelöste Kuvertüre dünn auf die Marzipandecke verteilen, anziehen lassen und auf Fettpapier stürzen. Die zweite Hälfte gekochter Aprikosenkonfitüre nun auf der Oberseite dünn verteilen und die Kapseln in 2,5 x 2,5 cm große Stücke aufteilen. Die verbleibenden Ränder daran stehen lassen, um ein Austrocknen der Seiten zu vermeiden.

2 Haselnußkrone: Nußpan mit Johannisbeerkonfitüre glattarbeiten und dann die restlichen Zutaten darundermengen. Die Masse in einen Spritzbeutel (Lochtülle Nr. 6) geben und auf die ersten 20 Stücke dressieren (aufspritzen).

3 Walnußkrone: Walnüsse und Birnengeist mit dem Marzipan vermengen. Die Masse in einen Spritzbeutel (Lochtülle Nr. 6) geben, auf die restlichen Stücke dressieren und zum Schluß auf jedes Stück eine halbe Walnuß auflegen.

4 Fertigstellung für beide Sorten: Fondant mit etwas Butter und Wasser erwärmen, mit einem Spritzer Rum abschmecken und mit einer Pralinengabel die Petits fours einzeln überziehen.

Hippen-Variationen

❶ Backofen vorheizen: 190 °C (Gas Stufe 3)
❷ Das gebutterte und bemehlte Backblech etwa 10 Minuten ins Gefrierfach legen.
❸ Alle Zutaten für den Teig mit dem Schneebesen zu einer glatten Masse verrühren, anschließend durch ein Sieb streichen.
❹ Da sich Hippen nur warm formen lassen, immer nur 3 gleichzeitig backen. Für jede Hippe einen Eßlöffel Teig auf das gefettete und leicht bemehlte Blech geben und zu einem Kreis von ca. 15 cm Ø ausstreichen. Am besten geht das mit einer selbstgemachten Pappschablone.
❺ Die Hippen 3–5 Minuten backen, bis die Ränder hellbraun anlaufen, dann mit einer Palette vom Blech nehmen, rasch formen und fest werden lassen: Hippen-Röhrchen um einen Kochlöffelstiel, Tütchen um eine Spritztülle wickeln, Tulpen auf ein umgestülptes Glas legen und die Ränder vorsichtig herunterdrücken. Zum Füllen eignen sich frische Beeren und Früchte, Eiscreme, fruchtige Parfaits, aromatisierte Sahne oder zarte Cremes.
Falls die Hippen vor dem Formen zu fest werden, nochmals für 30 Sekunden in den Ofen schieben.

ZUTATEN

HIPPENTEIG:
- 200 g Marzipan
- 1 Ei
- 25 g Mehl
- 100 ml Milch
- 40 g Zucker
- Butter und Mehl für das Blech

Petit fours mit Nußnougat-, Haselnuß- und Ananaskronen

ZUTATEN

MANDELKAPSEL:
4 Eigelb
20 g Marzipanrohmasse
Mark 1/2 Stange Vanille
1 Pr. Salz
3 1/2 Eiweiß
60 g Zucker
25 g Mehl, Type 550
25 g Weizenstärkepuder
40 g Butter
200 g Marzipanrohmasse
100 g Vollmilchkuvertüre
50 g Aprikosenkonfitüre

DECKEL:
200 g Marzipanrohmasse
100 g Puderzucker
50 g Vollmilchkuvertüre
50 g Aprikosenkonfitüre

NOUGAT-FÜLLUNG:
40 ml Sahne
160 g Nußnougat, bitter

❶ Mandelkapsel: Eigelb, Marzipanrohmasse, Vanillemark und Salz schaumig rühren. Eiweiß und Zucker zu Schnee aufschlagen. Mehl und Weizenstärkepuder mischen und durchsieben. Butter auflösen. Eischnee und die Eigelb-Marzipanmasse melieren. Das Mehl-Puder-Gemisch unterziehen und zum Schluß die aufgelöste Butter unterheben. Auf ein mit Backpapier belegtes Blech 40 x 20 cm aufstreichen. Im vorgeheizten Backofen bei 190 °C 7 bis 9 Minuten backen. Nach dem Backen die Kapseln auskühlen lassen, auf ein Stück Fettpapier stürzen, das Backpapier abziehen und die Masse in drei gleichgroße Streifen schneiden.

❷ Deckel: Marzipanrohmasse und Puderzucker vermengen, auf 13,5 x 13,5 cm und etwa 1 mm Stärke ausrollen. Danach diesen Deckel halbieren.

❸ Nougat-Füllung: Einen der drei Mandelkapsel-Streifen auf die Maße 3 x 6,5 x 13,5 cm schneiden, ein Stück davon dünn mit aufgelöster Kuvertüre bestreichen und, nachdem die Kuvertüre angezogen ist, stürzen. Sahne aufkochen, auf 30 °C abkühlen lassen. Nougat schmelzen und mit der Sahne verrühren. Die Masse auf zwei Kapselstücken verteilen. Hat die Masse Zimmertemperatur erreicht, können die zwei Teile aufeinandergesetzt werden. Den dritten Teil mit der Unterseite nach oben auflegen, aprikotieren (mit Aprikosenkonfitüre bestreichen), einen der zwei Marzipanböden auflegen und diesen dann dünn aprikotieren. Die gefüllte Petits fours-Kapsel wird 2 bis 3 Stunden in den Kühlschrank gestellt. Nun werden die Petits fours in knapp 2,5 x 2,5 cm große Stücke geschnitten.

❹ Überzug und Garnierung: Fondant im Wasserbad erwärmen, die Butter einrühren und mit Rum abschmecken. Petits fours einzeln mit einer Pralinengabel überziehen, den Fondant anziehen lassen und abschließend mit einem Spritzbeutel (Sterntülle Nr. 3) aus Sahne-Nougat eine Rosette aufspritzen.

5 Ganache-Füllung: Sahne und Zucker aufkochen. Die feingehackte Kuvertüre in eine Schüssel geben und die gekochte Sahne in drei gleichen Teilen vorsichtig unterrühren. Wenn die Masse ca. 40 °C erreicht hat, die Butter untermengen und kalt stellen. Den zweiten Mandelkapsel-Streifen auf die Maße halbieren. Einen Teil aprikotieren, den zweiten Teil daraufstürzen und die Oberseite mit aufgelöster Kuvertüre bestreichen. Ist die Kuvertüre angezogen, den doppelten Boden wieder zurückstürzen. Den erkalteten Ganache aufschlagen und auf den zusammengesetzten Boden gleichmäßig aufstreichen. Nun werden die Petits fours in knapp 2,5 x 2,5 cm große Stücke geschnitten.

6 Überzug: Die Petits fours einzeln mit einer flachen Pralinengabel überziehen und, bevor die Kuvertüre anzieht, mit je einer gerösteten Haselnuß belegen.

7 Boden: Den dritten Mandelkapsel-Streifen auf die Maße 3 x 6,5 x 13,5 cm schneiden, einen Teil davon dünn mit aufgelöster Vollmilchkuvertüre bestreichen und, nachdem die Kuvertüre angezogen ist, stürzen. Marzipanrohmasse mit Orangenlikör glattarbeiten und auf 2 Kapselstücken verteilen. Dann können die 2 Teile aufeinandergesetzt werden. Den dritten Teil mit der Unterseite nach oben auflegen, aprikotieren, den letzten Mandelboden auflegen und dünn aprikotieren. Die gefüllte Petits fours-Kapsel wird für 2 bis 3 Stunden in den Kühlschrank gestellt. Nun werden die Petits fours in knapp 2,5 x 2,5 cm große Stücke geschnitten und auf jeden Petits fours ein kleines Stück kandierte Ananas aufgelegt.

8 Überzug: Den Fondant im Wasserbad erwärmen, die Butter einrühren und mit Rum abschmecken. Die Petits fours einzeln mit einer Pralinengabel überziehen und den Fondant anziehen lassen.

ZUTATEN

ÜBERZUG:
- 150 g Fondant (weiße, zart schmelzende Zuckermasse)
- 5 g Butter
- 20 ml Wasser
- etwas Rum

GARNIERUNG:
- Sahne-Nougat

BODEN:
- 50 g Vollmilchkuvertüre
- 20 g Aprikosenkonfitüre

GANACHE-FÜLLUNG
- 75 ml Sahne
- 15 g Zucker
- 25 g Butter
- 90 g Vollmilchkuvertüre, gehackt

ÜBERZUG:
- 200 g Vollmilchkuvertüre

Garnierung:
- Haselnüsse, geröstet

BODEN:
- 50 g Vollmilchkuvertüre
- 50 g Aprikosenkonfitüre

Marzipanfüllung:
- 150 g Marzipanrohmasse
- 35 ml Orangenlikör

Garnierung:
- kandierte Ananasstücke

ÜBERZUG:
- 150 g Fondant
- 5 g Butter
- 20 ml Wasser
- etwas Rum

Schweizer Petit fours

ZUTATEN

50 STÜCK

BÖDEN:
125 g Marzipanrohmasse
2 Eier
75 g Butter
40 g Zucker
abgeriebene Schale 1 Orange
1 Pr. Salz
20 ml Orangenlikör
20 g Mehl, Type 550

BUTTERCREME (900 G):
200 g Zucker, feine Sorte
5 Eier
2 g Salz
510 g Butter

ORANGENLIKÖR-BUTTERCREME-FÜLLUNG:
100 g Buttercreme
10 ml Orangenlikör

GARNIERUNG:
kandierte Ananas

❶ Buttercreme: Eier, Zucker und Salz warm aufschlagen, bei Erreichen von Körpertemperatur aus dem Wasserbad nehmen und kaltschlagen. Die zimmerwarme Butter ca. 15 Minuten schlagen (sahnige Konsistenz). Die Butter mit der Eimasse angleichen und dann den Rest melieren.
❷ Marzipanrohmasse und Eier angleichen und kurz schaumig schlagen. Butter, Zucker, Orangenschale gesondert leicht schaumig schlagen. Danach die Buttermasse in die Marzipan-Eiermasse einrühren. Das gesiebte Mehl zum Schluß unterziehen. Die Masse in einen Spritzbeutel (Lochtülle Nr. 10) geben und Alukapseln bis knapp unter den Rand damit füllen. Im vorgeheizten Backofen bei 160 °C 12 bis 14 Minuten backen.
❸ Orangenlikör-Buttercreme-Füllung: Den Likör vorsichtig unter die Buttercreme mischen.
❹ Orangen-Buttercreme-Füllung: Saft und Zucker mischen und auf zwei Drittel reduzieren. Vorsichtig unter die Buttercreme mischen.
❺ Zitronen-Buttercreme-Füllung: Saft und Zucker mischen und auf zwei Drittel reduzieren. Vorsichtig unter die Buttercreme mischen.
❻ Überzug: Fondant auf ca. 40 °C erwärmen. Butter und Wasser sollten Zimmertemperatur haben und langsam unter den Fondant gerührt werden.

7 Fertigstellung: Die verschiedenen Buttercremes mit einem Spritzbeutel (Lochtülle Nr. 6) ähnlich einem Zwiebelturm aufdressieren. Die erste Sorte gleich danach vorsichtig in den gehobelten Mandeln wälzen und dann zusammen mit den restlichen in den Kühlschrank stellen. Die 2. und 3. Sorte der gekühlten Schweizer Petits fours kopfüber bis an den Rand der Füllung in die erwärmte Fondant-Butter-Masse eintauchen. Nach dem Herausnehmen noch einen Moment den Fondant ablaufen lassen, um Tropfenbildung zu vermeiden. Kleine, dekorative Stücke der kandierten Orangenschale werden auf die 2. Sorte gelegt. Die 3. Sorte wird abschließend mit kleinen Stücken der kandierten Ananas garniert. Um ein Austrocknen der Schweizer Petits fours zu vermeiden, verbleiben die Alukapseln bis zum Verzehr um den Boden.

ZUTATEN

ORANGEN-BUTTERCREME-FÜLLUNG:

100 g Buttercreme

30 ml Orangensaft

5 g Zucker

GARNIERUNG:

kandierte Orangenschale

ZITRONEN-BUTTERCREME-FÜLLUNG

100 g Buttercreme

15 ml Zitronensaft, frisch gepreßt

10 g Zucker

GARNIERUNG:

Mandeln, gehobelt, geröstet

ÜBERZUG:

500 g Fondant

50 g Butter

70 ml Wasser

Register

Fruchttorten

Sahne- und Cremetorten

Schokoladen-torten

Krokant-, Nuß- und Mandeltorten

Törtchen und Petit fours

© by Detlef Vehling
Alle Rechte vorbehalten.
Nachdruck – auch auszugsweise – nur mit vorheriger
Genehmigung des Verlages.

Fotos:
A 63 Studio für Foto-Design, Köln
APR/WILKENS, Agentur für Public Relations, Hamburg
Aurora Urkraft des Keimes
CMA Centrale Marketinggesellschaft der deutschen
Agrarwirtschaft mbH, Bonn
Info Bananen
KETCHUM Public Relations, München
Kraft Ideen Center
MONDAMIN
Philadelphia
Reformhaus KOCHSTUDIO
Sanella – Frische Teige
Schwartauer Werke
SOPEXA, Düsseldorf
Treffpunkt Küche Presseservice
UNION Deutsche Lebensmittelwerke, Hamburg

Einbandfotos: A 63 Studio für Foto-Design, Köln

*Selbstverständlich können alle Torten mit
Mengenangaben für Alkoholzutaten auch mit weniger,
keinem Alkohol oder ersatzweise mit Fruchtsäften
oder ähnlichem hergestellt werden.*

*Bei Verwendung von rohen Eiern ist unbedingt
auf absolute Frische zu achten!*

Die Ratschläge in diesem Buch sind von Autorin
und Verlag sorgfältig erwogen und geprüft, dennoch
kann eine Garantie nicht übernommen werden.
Eine Haftung der Autorin beziehungsweise des Verlages
und seiner Beauftragten für Personen-, Sach- und
Vermögensschäden ist ausgeschlossen.

Gestaltung, Satz, Lithografie, Druck und Bindung:
Mohndruck Graphische Betriebe GmbH, Gütersloh

Gesamtherstellung: VEBU-Verlag GmbH, 10117 Berlin